令孩子惊奇的150个经典科学游戏

许璐 编著

中国画报出版社
CHINA PICTORIAL PUBLISHING HOUSE

图书在版编目（CIP）数据

令孩子惊奇的150个经典科学游戏/许璐编著. —北京：中国画报出版社，2012.7

ISBN 978-7-5146-0522-8

Ⅰ. ①令… Ⅱ. ①许… Ⅲ. 游戏课-学前教育-教学参考资料 Ⅳ. ①G613. 7

中国版本图书馆CIP数据核字（2012）第152798号

令孩子惊奇的150个经典科学游戏

出 版 人：田 辉
编 著 者：许 璐
责任编辑：张文杰
出版发行：中国画报出版社
（中国北京市海淀区车公庄西路33号，邮编：100048）
电 话：010-88417359（总编室兼传真） 010-88417409（版权部）
010-68469781（发行部） 010-88417417（发行部传真）
网 址：http：//www.zghbcbs.com
电子信箱：cpph1985@126.com
经 销：新华书店
海外总代理：中国国际图书贸易集团有限公司
印 刷：三河市骏杰印刷有限公司
监 刷：傅崇桂
开 本：16开（170mm×240mm）
印 张：19.5
版 次：2012年10月第1版 2013年1月第2次印刷
书 号：ISBN 978-7-5146-0522-8
定 价：35.00元

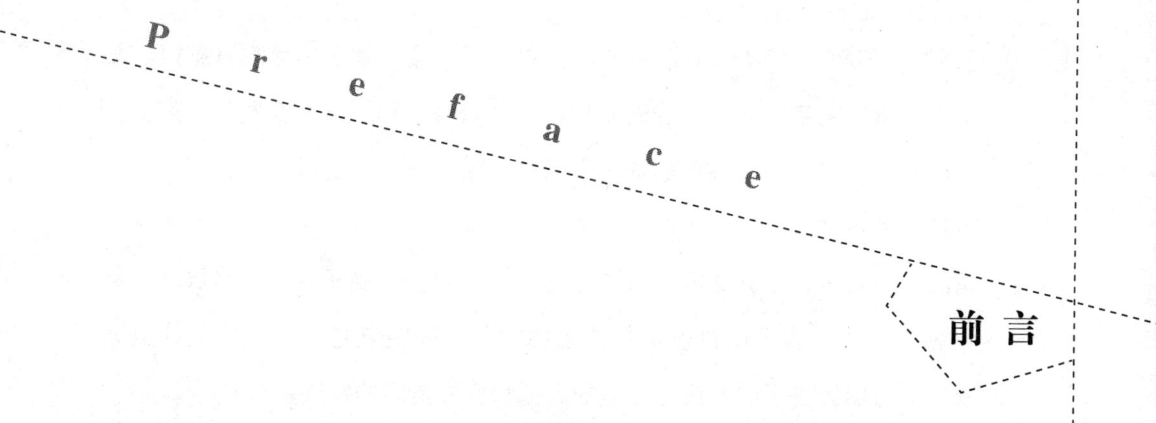

前言

教育家陈鹤琴先生说过：“小孩子生来是好动的，是以游戏为生命的。”对于孩子来说，最好的教育就是“游戏”，最好的智能开发形式就是“玩”。聪明宝宝是“玩”出来的。

游戏是一种比较松散的活动，没有压力和负担，使幼儿感到满足、自信和成功的喜悦。游戏能激发幼儿兴趣，幼儿能在轻松愉快的气氛中直接操作各种玩具和材料。

在游戏中，幼儿乐于遵守规则。如：扮演警察站岗、指挥交通，都能自觉自愿控制自己的行为。这有利于养成良好的社会礼仪规范行为和良好的意志品质。游戏有利于幼儿身心健康。在游戏中，幼儿身体的各种器官都得到活动，情绪轻松愉快，尤其在户外开展的体育游戏，视野空间大，接触新鲜空气和阳光，更能增进幼儿的身心健康。

诚然如此，游戏对孩子犹如生命那么重要，游戏是他们生活的组成部分，是他们最基本、最喜爱的活动。游戏对成人而言，是工作之余的消遣和娱乐，但对婴幼儿来说，却是他们的“工作”。

孩子从蹒跚学步开始，就十分好动，蹦蹦跳跳，整日不知道疲倦。有些父母认为，游戏属于体力活动，无益于智力，并且很多年轻的父母容易误解“早教”“0岁计划”等概念，以为“早教”就是越早教育越好，总是占用属于宝宝游戏玩耍的时间来进行“教育”和“智能开发”。其实，游戏有利于培养幼儿良好的性格和情绪、情感。幼儿的喜、怒、哀、乐通过游戏的活动形式，通过游戏中的语言、动作等让幼儿来体验各种情绪和情感。游戏中，幼儿之间接触交往增多，并且由于处于同一年龄层次，是平等的关系，为了使自己被集体接纳，就必须控制自己，适应集体的要求，这自然促进了幼儿良好性格的形成和良好情感的发展。

“玩具是幼儿的天使，游戏是幼儿的伴侣”，幼儿就是在游戏中、在玩中一天天长大。让孩子欢快游戏，并加以科学引导，对孩子心智的开发十分有益。游戏，不仅是儿童的世界，也是他们亲手创造的世界。

Contents

目录

1 神奇的杯子 002
2 吹不起来的气球 004
3 往高处吸水的杯子 006
4 吃鸡蛋的瓶子 008
5 潜水的笔帽 010
6 吹不走的乒乓球 012
7 自制喷泉 014
8 会飞的爽身粉 016
9 魔力气球 018
10 打结的水 020
11 浮在水面上的神针 022
12 团团转的纸蛇 024
13 沉浮的水果盘 026
14 会潜水的乒乓球 028
15 在水里燃烧的蜡烛 030
16 游泳的“土豆鱼” 032
17 旋转的鸡蛋 034
18 瓶子比赛 036
19 纸筒升降机 038
20 捅不破的纸 040
21 神奇的纸桥 042
22 会走的纸船 044
23 跟风的电池 046
24 水琴 048
25 安分的硬币 050
26 妙招取象棋 052
27 水流会转弯 054
28 喜欢沙子的栗子 056

29 随心所欲的硬币 058
30 长大的冰块 060
31 会隐身的硬币 062
32 听话的电视机 064
33 魔法镜 066
34 被“吃掉”的光线 068
35 箭头指向何方 070
36 水滴放大镜 072
37 隔空断绳 074
38 变脸 076
39 人造彩虹 078
40 彩色变白色 080
41 蹦蹦跳跳的米粒 082
42 魔法尺子 084
43 看不见的电流 086
44 简易指南针 088
45 大可乐瓶里出现了龙卷风 090
46 “跳舞”的纸币 092
47 滴水不漏 094
48 会“跳舞”的硬币 096
49 懒惰的肥皂水 098
50 骨头打结 100
51 漂白红茶 102
52 冒泡的鸡蛋 104
53 铁钉变戏法 106
54 来去自如的文字 108
55 模拟宇宙 110
56 “长尾巴”的彗星 112
57 黑洞的秘密 114
58 满眼“星光” 116
59 自制简易太阳钟 118
60 椭圆的地球 120
61 钟摆 122
62 自己做的地层 124
63 动画里的秘密 126

64 停留在眼睛里的灯泡128
65 手心里的洞 130
66 估测不出的距离 132
67 味同嚼蜡游戏 134
68 苦涩的橙汁 136
69 冷还是热 138
70 “尝味”的手腕 140
71 会跳的小腿 142
72 会走的铁丝 144
73 带孔的苍蝇拍 146
74 蜘蛛的陷阱 148
75 大闹蚂蚁国 150
76 寻找蚱蜢的“鼻子”152
77 会“流汗”的叶子 154
78 会“呼吸”的小草人 156
79 会变色的叶子 158
80 会“认路”的豆芽 160
81 常绿西红柿 162
82 催熟水果 164
83 散不开的皮带 166
84 剪不断的纸环 168
85 失踪的线 170
86 “相亲相爱”的两个碗 172
87 哪种形状最坚固 174
88 倒不满的啤酒杯 176
89 百元大钞有轻功 178
90 鸡蛋变胖 180
91 易拉罐散步 182
92 纸杯瞬间失重 184
93 吃蛋的牛奶瓶 186
94 鸡蛋跳水 188
95 乒乓球太空漫步 190
96 塑料袋热气球 192

97 上升下沉任我行 194
98 绳子瞬间换位 196
99 笔帽套不上 198
100 滴水不漏的漏斗 200
101 磁铁浮在半空中 202
102 反方向的气球 204
103 美丽的彩虹 206
104 用时钟测方位 208
105 蜡烛熄灭了 210
106 硬币浮现在纸面上 212
107 西红柿电池 214
108 放大与颠倒 216
109 美丽的喷雾彩虹 218
110 水不会溢出 220
111 用牛奶盒做直升机 222
112 简易复印术 224
113 气体的重量 226
114 拉不开的杂志 228
115 神秘的圈 230
116 小闪电 232
117 奇怪的气流 234
118 纸做的炊具 236
119 线圈自动变圆 238
120 睡莲开花 240
121 怎样测量拳头的体积 242
122 声音的传递 244
123 最简单的太阳灶 246
124 背景造成的错觉 248
125 水的电解 250
126 神秘的火焰 252
127 清水变白水 254
128 大豆炸弹 256
129 难舍难分 258
130 越加越少 260
131 巧开瓶盖 262
132 升高比赛 264

133 声波吹蜡烛 266
134 集体舞表演 268
135 导电的水 270
136 汤匙变磁铁 272
137 烧不坏的手绢 274
138 水下“火山” 276
139 水中悬蛋 278
140 冰块融化后会怎样 280
141 气体举重机 282
142 谁的气球飞得高 284
143 测量氧气比例 286
144 两球同时落地 288
145 抗震药瓶 290
146 为雷电测距离 292
147 看到声波 294
148 清洁高手柠檬酸 296
149 盐水星星 298
150 “仙气”手指 300

经典
科学游戏

神奇的杯子

我们在端水时，一般都要杯口朝上，并且杯子不能倾斜，这样水才不会洒出来。如果把杯子倒过来端，水也洒不出来，你会不会觉得很神奇呢?

准备材料

1. 一只玻璃杯
2. 一张卡片
3. 一把剪刀
4. 水

游戏步骤

1 用剪刀在卡片上剪下一个圆片，大小能够盖住杯口。

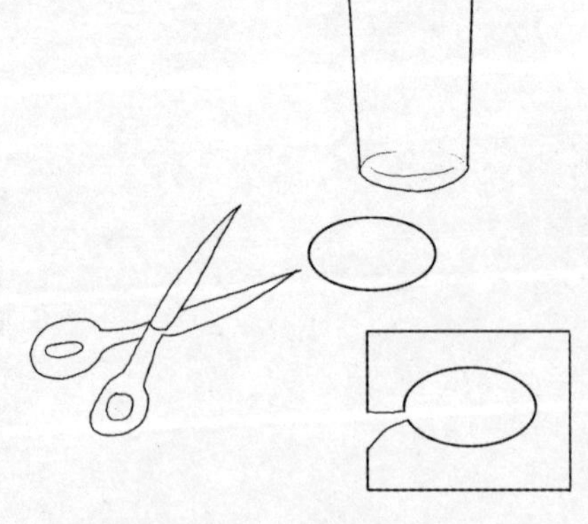

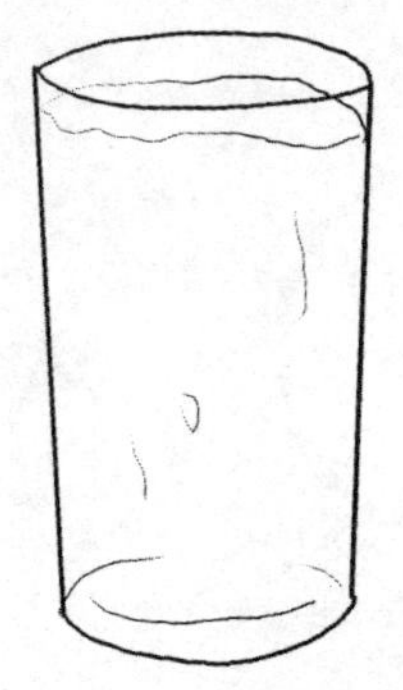

2 在杯子里装满清水。

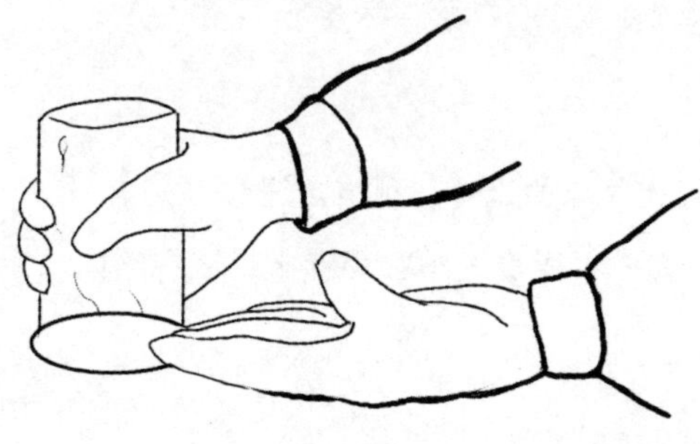

3 右手拿圆片压住杯口，左手托住杯子，右手压住圆片，迅速把杯子倒过来，轻轻把手松开。

发生了什么？

杯子里的水并不会流出来。

游戏中的科学

这个神奇的结果其实是由看不见的大气压力造成的。杯子里装满了水，把杯子倒过来以后，卡片上面没有受到大气的压力，而卡片下面却受到了向上的压力。这个向上的压力大于水的重力，所以，虽然杯子被倒过来了，但杯子里的水并不会流出来。

吹不起来的气球

你一定玩过气球，甚至还参加过吹气球的比赛，很有趣吧！可是有一种气球，不管你使多大的劲儿都吹不起来，不服气吗？那就来试试看吧！

准备材料

1.一只气球

2.一个空玻璃瓶

游戏步骤

1 仔细检查玻璃瓶和气球，不要有漏气的地方。

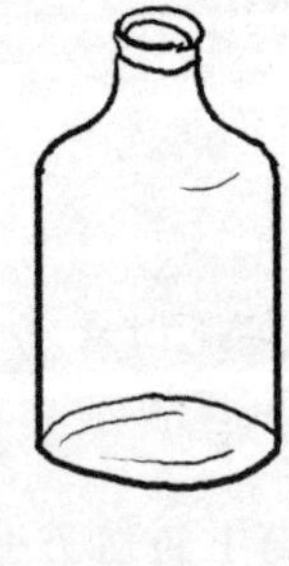

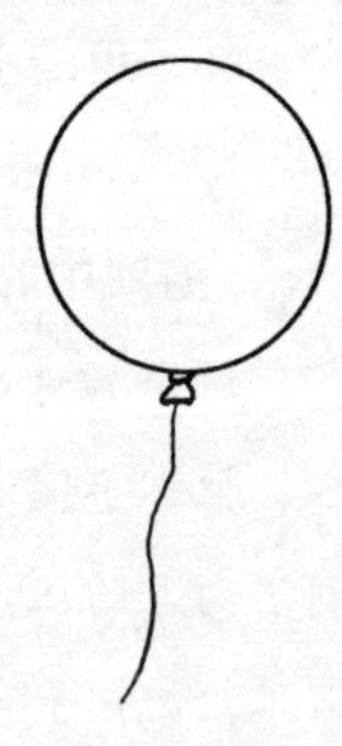

2 把气球装进玻璃瓶里，并将气球口套在玻璃瓶口上。

3 用嘴对准气球口使劲儿吹气。

发生了什么？

你会发现，无论怎样用力，气球都没办法变大。

游戏中的科学

这个游戏结果实际上是由大气压力造成的。我们把气球口套在玻璃瓶口上，就封闭住了玻璃瓶里的空气。当我们使劲儿吹气球的时候，瓶内的空气会对气球产生压力，阻止气球变大。所以，无论我们怎么吹，气球也吹不起来。

往高处吸水的杯子

俗话说："水往低处流。"如果你有一个神奇的杯子，能够把低处的水吸上来，让它往高处流，小朋友们一定会十分佩服你。

准备材料

1.一个盘子、一只玻璃杯

2.一支蜡烛、一盒火柴

3.自来水

游戏步骤

1 把蜡烛点燃，在盘子里滴几滴蜡油，把蜡烛固定在盘子里。

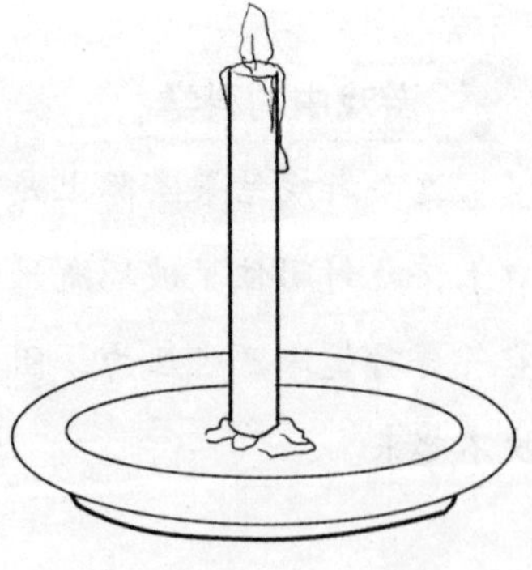

2 把水倒入已经固定了蜡烛的盘子里。

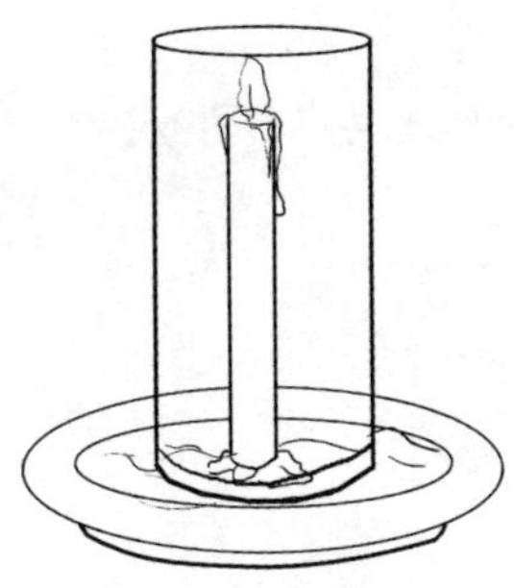

3 把玻璃杯罩在蜡烛上。

发生了什么？

你会看到蜡烛仍然燃烧着，杯子里的水在上升。再过一会儿，蜡烛灭了，水还在上升。最后水停止上升，停在了玻璃杯的某一个高度。

游戏中的科学

这个游戏利用了大气压力的原理。我们知道，空气是一种混合物，它的主要成分是氮气和氧气。氧气能够帮助蜡烛燃烧，等到氧气用完了，蜡烛就会熄灭。这时，玻璃杯里的气压比杯外的气压低，水流到玻璃杯里。等到玻璃杯里边和外边的气压平衡时，水就不再上升了。

吃鸡蛋的瓶子

开口比鸡蛋小的瓶子却能够把鸡蛋吞下去，你想知道其中的奥秘吗？那么，仔细看下面这个游戏，你一定会有所发现。

准备材料

1.一个开口比鸡蛋略小的瓶子

2.一个去壳的熟鸡蛋

3.一张纸、一盒火柴

游戏步骤

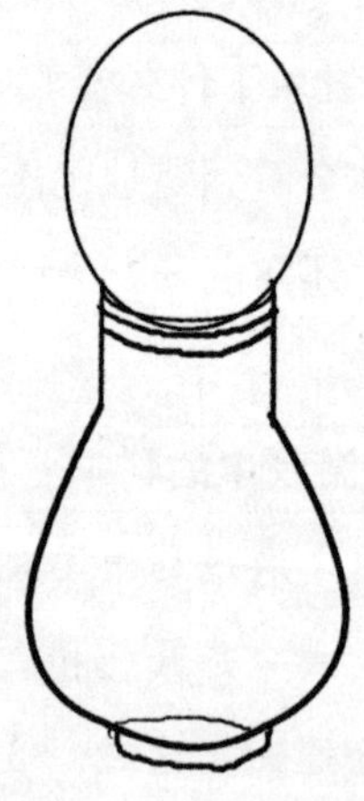

1 把鸡蛋放在瓶口上，鸡蛋掉不下去。

2 从瓶口上拿开鸡蛋，撕下半张白纸，用火柴点燃。在纸还燃烧的时候，把它很快地丢进瓶子里。

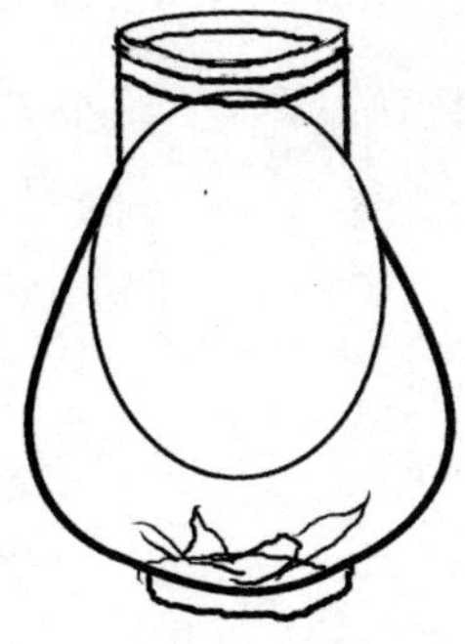

3 等到瓶内的纸快要熄灭的时候，把鸡蛋再次放到瓶口上。

发生了什么？

过了一会儿，你会发现，鸡蛋被瓶子吞进去了。

游戏中的科学

这个能够把鸡蛋吞下去的瓶子借助了大气的压力。瓶子里的纸燃烧，消耗掉了瓶子里的氧气。瓶子里的气压变小，瓶子外的气压就能够把鸡蛋压进瓶子里。看上去，就像瓶子吞下了鸡蛋一样。

潜水的笔帽

你知道吗？你的笔帽竟然是个优秀的潜水员呢！仔细看下面这个游戏，让你的笔帽也来一试身手吧。

准备材料

1.一个塑料笔帽、一块气球皮

2.一团橡皮泥、一条橡皮筋

3.一只装了水的杯子

游戏步骤

1 剪一小块气球皮，把笔帽口封住，再把橡皮泥搓成条缠在笔帽上。

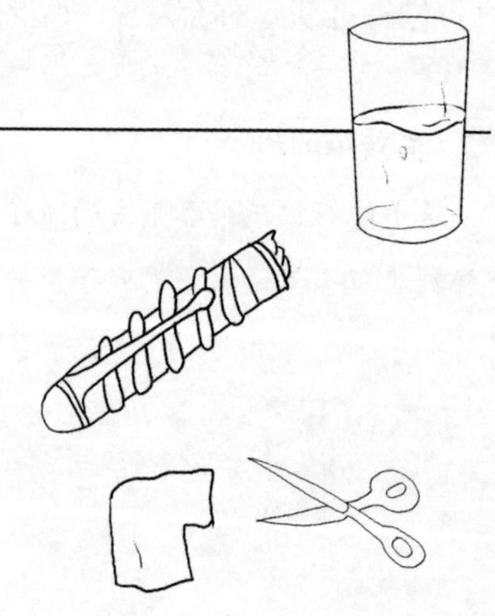

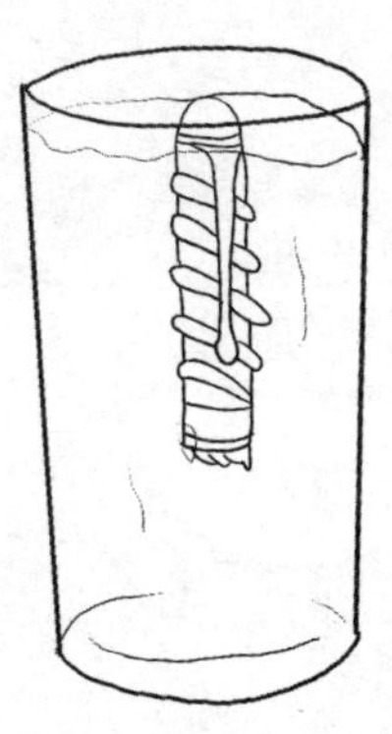

2 把缠了橡皮泥的笔帽放进杯子里，使笔帽口朝下直立地浮在水里。

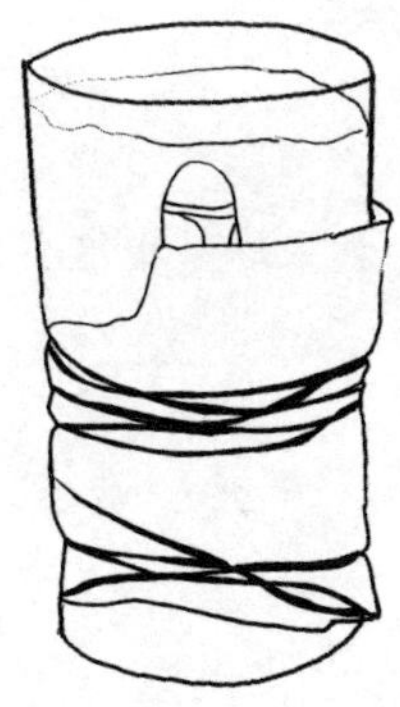

3 把气球皮绑在杯子口上，用橡皮筋固定住。

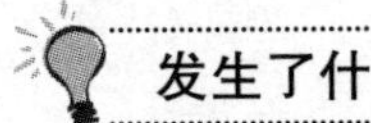

发生了什么？

用手按气球皮，笔帽就会潜入水里；松开手，笔帽会再次浮上来。

游戏中的科学

笔帽里的空间充满着空气，空气会使笔帽浮在水面上。而按动气球皮的时候，笔帽里的空气被挤出来，水就能够进入笔帽，从而使笔帽变重下沉。

吹不走的乒乓球

乒乓球实在是太有力了，你使劲儿吹都吹不走它。如果你不相信小小的乒乓球有这样的力气，那就做下面的这个游戏吧！

准备材料

1.一个乒乓球

2.一个漏斗

游戏步骤

1 检查一下你的漏斗和乒乓球，确保没有问题。

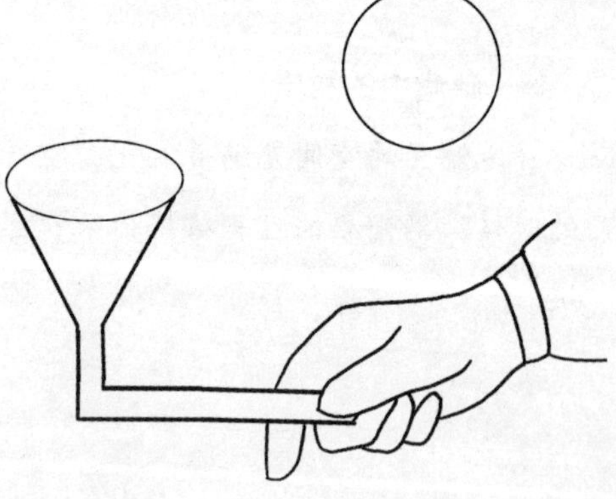

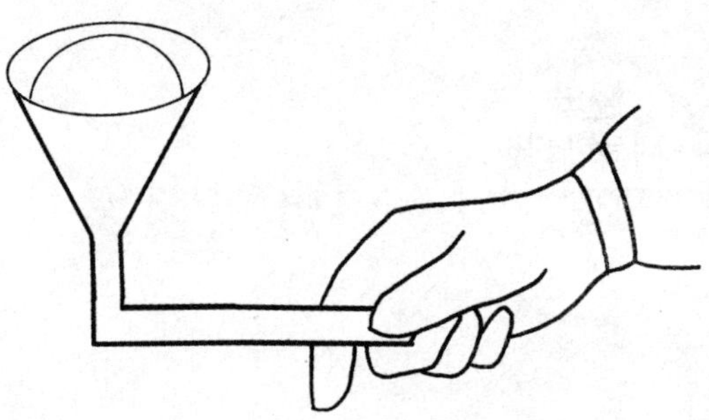

2 把乒乓球放在漏斗里，仰起头，使劲儿往漏斗里吹气。

发生了什么？

你会发现，乒乓球老老实实地待在漏斗里，一点也不会跑出去。

游戏中的科学

这个有些赖皮的乒乓球是借助了大气压力造成的。你使劲儿往漏斗里吹气，气流不断地绕着乒乓球上涌，使乒乓球下边的大气压力比上边的压力小，所以，乒乓球上边的大气压力会把它死死地压在漏斗里。

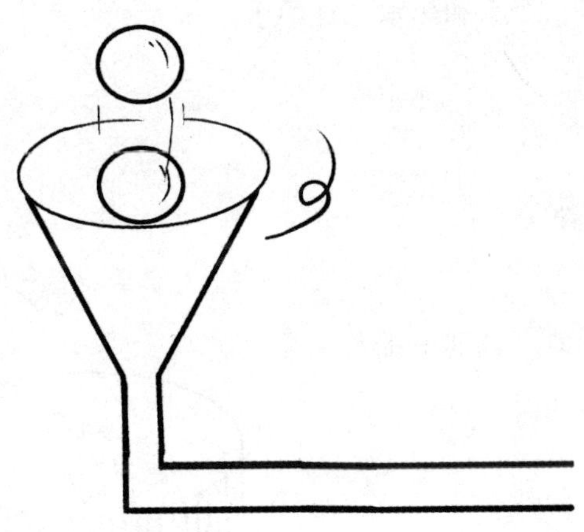

自制喷泉

看，广场上的喷泉正在喷水呢，真是太美啦！知道吗？照着下面的游戏做，你也能做出一个喷泉，而且还是彩色的呢！

准备材料

1.一个带盖的玻璃瓶

2.一把剪刀、一根吸管、一块胶泥

3.一个碗、冷水和热水、红墨水

游戏步骤

1 用剪刀在瓶盖上扎一个小孔。

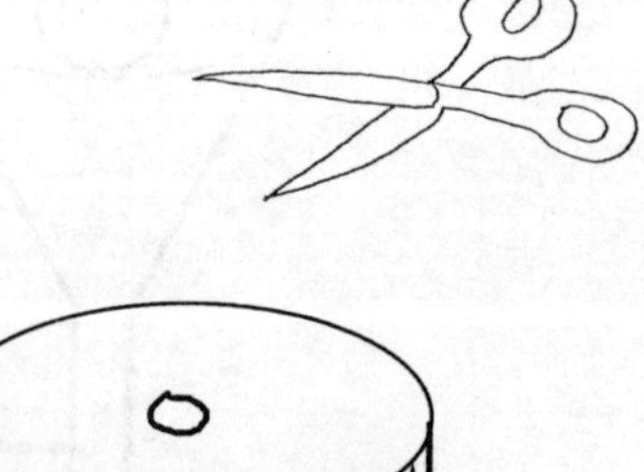

2 在瓶子里倒入冷水，加入一些红墨水。

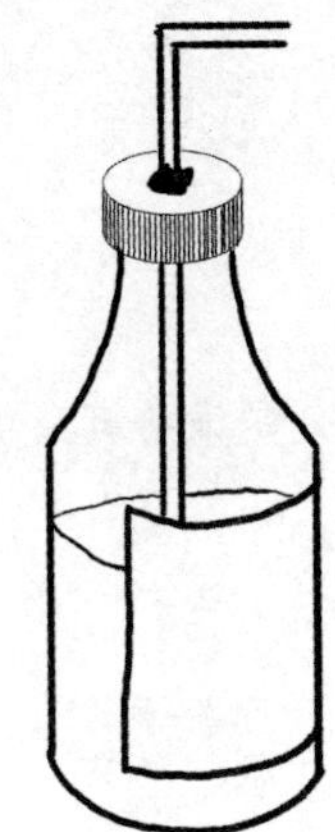

3 盖好瓶盖，把吸管从盖子上的小孔插进去，插到水面以下，用胶泥把缝隙封好，不要漏气。

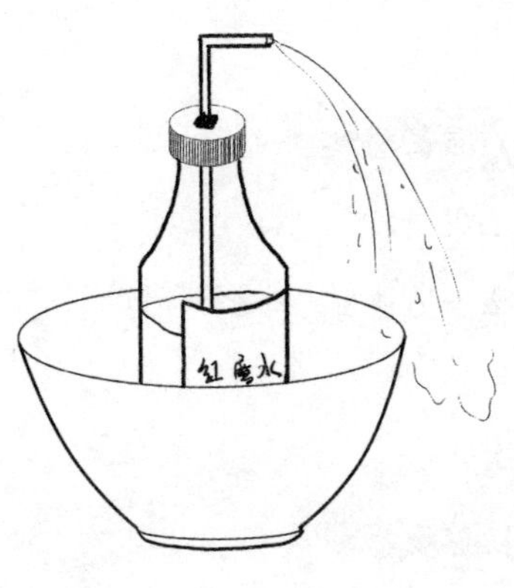

4 把瓶子放进碗里，往碗里倒热水。

发生了什么？

你会看到，红色的水从吸管里喷出来。

游戏中的科学

倒进碗里的热水把瓶子里的空气加热了，从而使空气分子的流动速度加快，开始膨胀扩散。膨胀的空气就会向下挤压加入了红墨水的冷水，从而使红色的水沿吸管上升，从瓶口喷射出来，形成美丽的喷泉。

会飞的爽身粉

我们用的爽身粉能够飞起来，当然不是用手撒，那么，是谁给爽身粉施了魔法呢？做下面的这个游戏，让我们来找出原因吧。

准备材料

1.爽身粉

2.一方手帕、一个台灯

游戏步骤

1 在手帕上撒一些爽身粉。

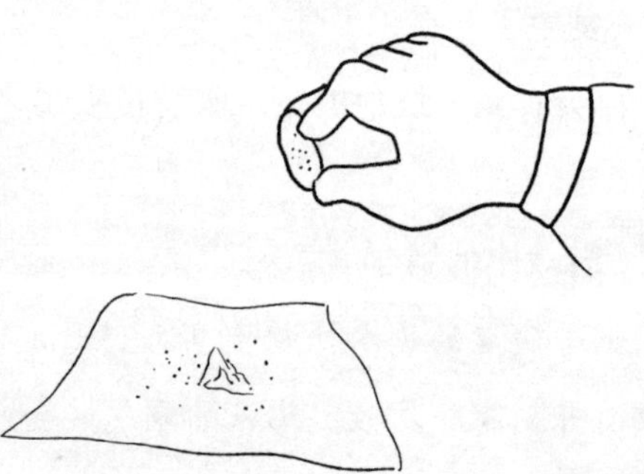

2 打开台灯，把沾有爽身粉的手帕拿到台灯上方。

3 然后抖开手怕，把爽身粉撒在台灯上方。

发生了什么？

仔细观察，发现爽身粉不但没有落下来，反而向上飞了。

游戏中的科学

打开台灯后，台灯的一部分电能转化为热能，灯管附近的空气吸收了热量，温度升高，体积变大，从而使密度减小。密度小的空气会上升，带动细小的爽身粉微粒也向上升起。我们就会看到爽身粉飞起来了。

魔力气球

“呼”！气球变大了。不过，这可不是小朋友鼓着腮帮子费尽力气吹大的，而是把气球套在瓶颈上，气球自动变大的。气球是怎样变大的呢？我们一起来试一试吧！

准备材料

1.一个汽水瓶、一只气球

2.一只盛满了水的碗

3.一台冰箱

游戏步骤

1 把空汽水瓶放入冰箱冷冻室。

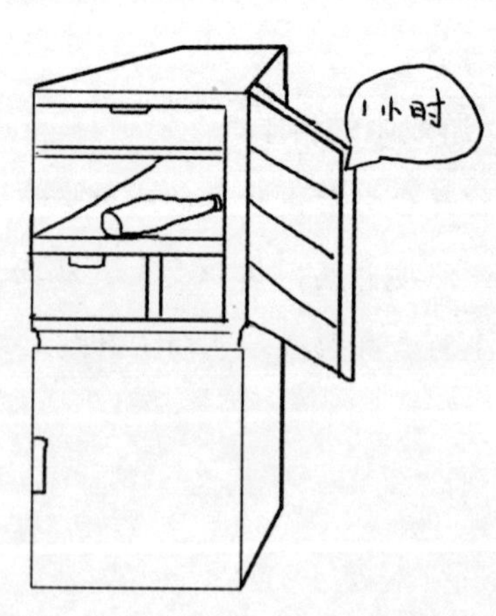

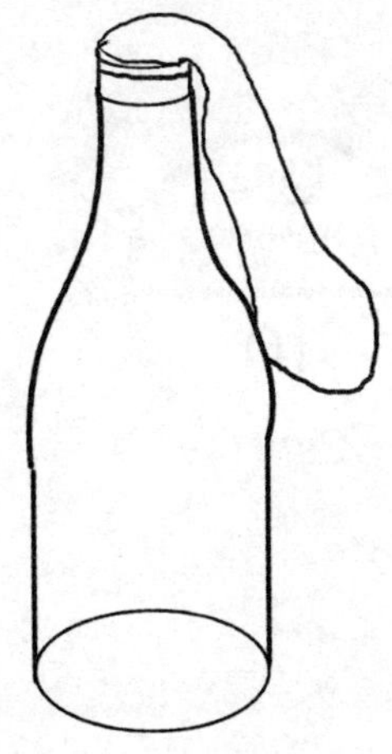

2 1小时后，从冰箱取出瓶子。把气球的开口迅速地套在瓶颈上。

3 把瓶子放在盛满了水的碗里。

发生了什么?

等待几分钟，你会发现气球像有了魔力一样慢慢变大了。

游戏中的科学

气球其实是被瓶子里的空气“吹”大了。瓶子放在冰箱里，温度非常低。当你把它拿出来以后，由于处于温室中，瓶子里的空气会吸收外部空气中的热量而膨胀，于是瓶子内部的空气体积就变大而向外逸出，所以“吹”大了气球。

经典
科学游戏
10

打结的水

水能打结，多么奇怪的事啊！有可能发生吗？当然！只要我们多去了解一些科学原理，就能明白其中的奥妙。

准备材料

1.一个纸杯

2.一杯清水

3.一把凿子、一个盆

游戏步骤

1 在纸杯下方的两侧，用凿子凿出两个洞，距离不可太远。

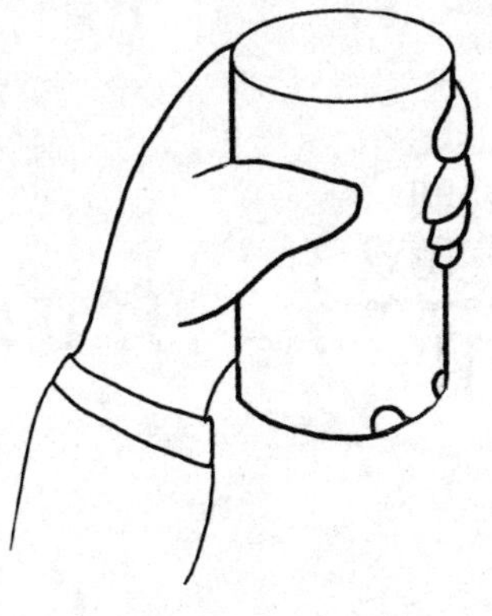

2 将杯子拿起来，请你的朋友朝纸杯中缓缓地注入水。

发生了什么?

用手指把流出来的两道水柱轻轻一扭，两道水柱便成了一道水柱。

游戏中的科学

在这个游戏中，水的表面张力是水能打结的关键。因为表面张力使得水柱的面积缩小，借手指做桥梁，便能轻易地将很接近的两道水柱连接成一道大水柱。这样，在我们眼中，水就会打结了。

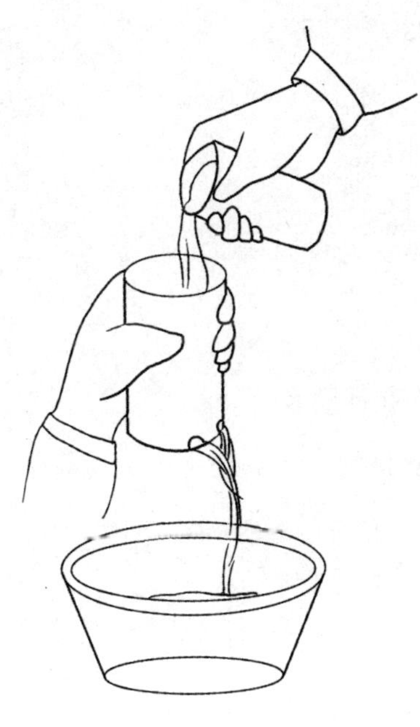

浮在水面上的神针

绣花针能够在水面上漂浮起来，是不是很神奇呢？可是，这并不是神话，你也可以做到。你想不想动手试一试呢？

准备材料

1.几根大小形状完全一样的针

2.花生油、肥皂水

3.一盆水

游戏步骤

1 把花生油涂在针的表面，略微擦干。

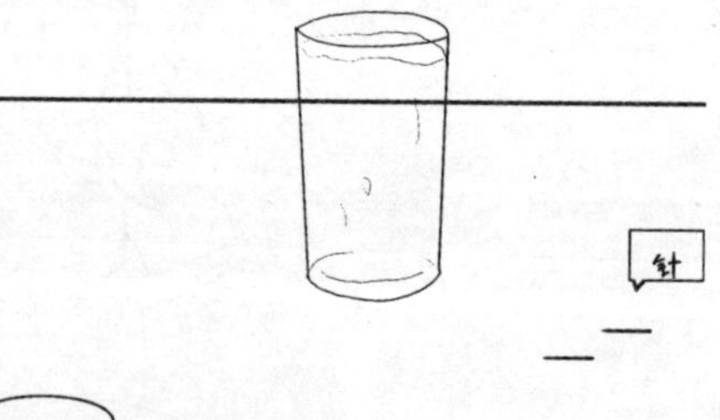

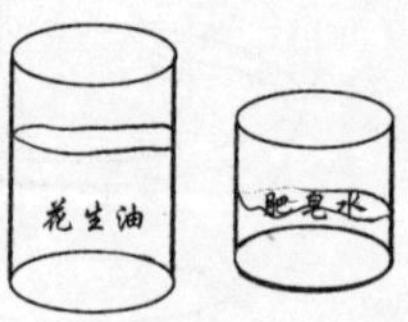

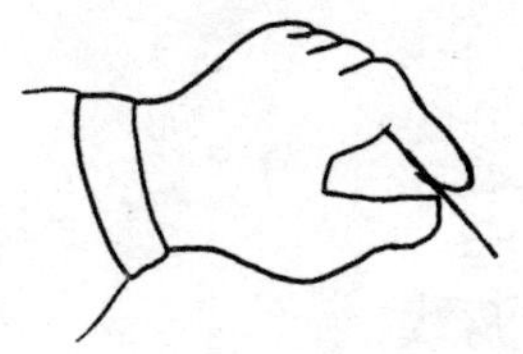

2 把肥皂水涂在另一根针的表面，擦干。

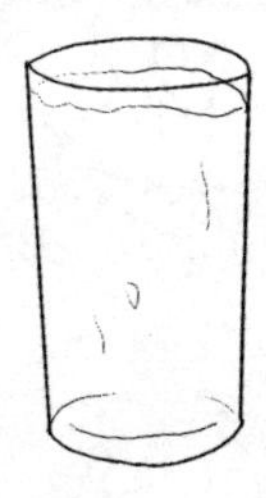

发生了什么？

把涂过肥皂水的针放进水里，结果针很快沉底。

把涂过花生油的针放进水里，针却浮在水面上。

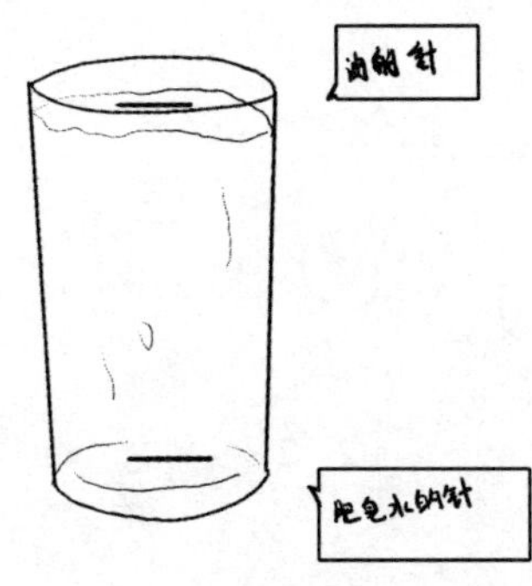

游戏中的科学

涂过花生油的针之所以能够浮起来，是水的表面张力作用的结果。花生油增加了水对针的表面张力，所以能够把针托起来；肥皂水破坏了水的表面张力，所以，涂过肥皂水的针浮不起来。

团团转的纸蛇

纸蛇在没人帮助的情况下能够自己绕圈，是谁对它施了魔法吗？赶快动手做一做，让小朋友们大吃一惊吧！

准备材料

1.一张纸、一支笔

2.一小块肥皂、一把剪刀

3.一盆水

游戏步骤

1 在纸上画一条弯曲的蛇，并用剪刀剪下来。

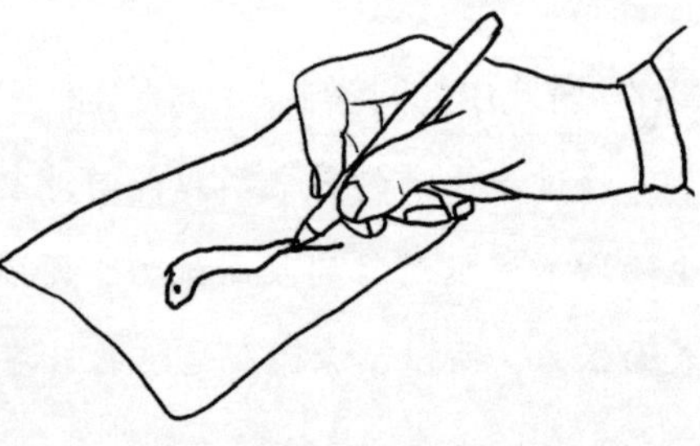

2 在纸蛇的尾部剪个小开口，夹住一小块肥皂。

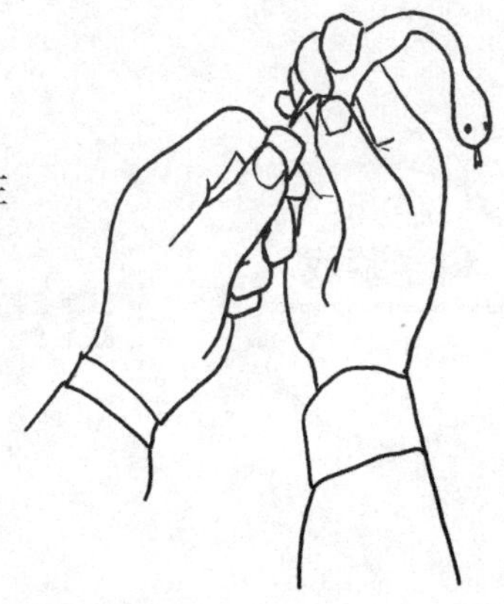

3 把纸蛇放到水盆里。

发生了什么？

纸蛇开始不停地旋转。

游戏中的科学

水盆中的水存在表面张力，当纸蛇被放进水里时，肥皂块破坏了蛇尾附近水的表面张力，而蛇外侧水的表面张力依然存在。这样，纸蛇的外侧就会受到蛇尾附近的拉力，纸蛇在这种拉力的作用下会不停地旋转。

沉浮的水果盘

把水果盘放进水里，你会发现它一会儿浮在水面，一会儿又沉入水中。这其中的奥秘在哪里呢？

准备材料

1.一大盆水

2.一个塑料水果盘

游戏步骤

1 先往盆里加入足量的水。

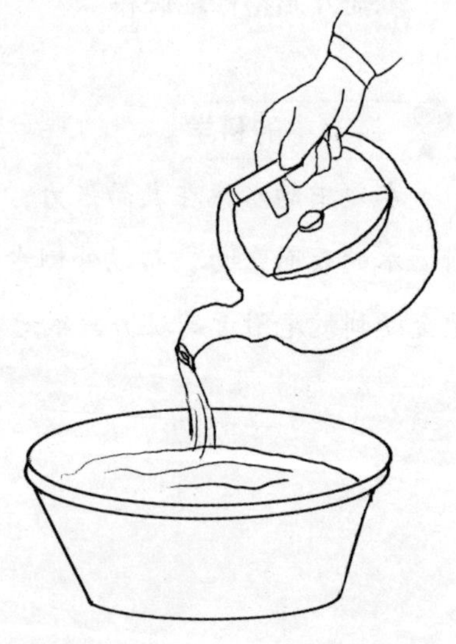

2 把水果盘倒扣着放在水面上，发现盘子漂浮在水面上，不下沉。

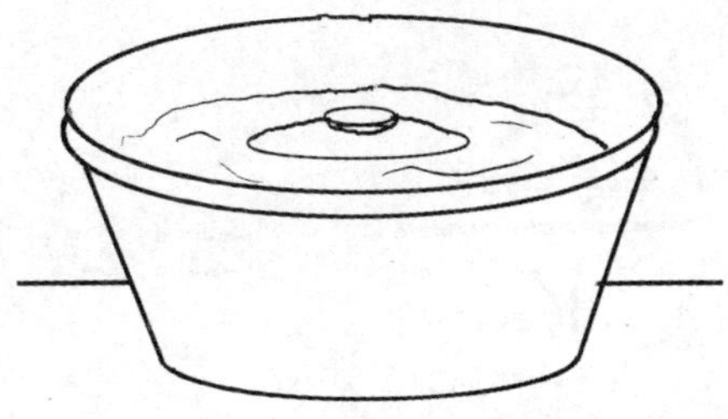

3 从水中取出盘子，然后把盘子以竖直方向放入水里，盘子瞬间就沉入水中了。

发生了什么？

将盘子不同姿态放入水中，发现盘子在水盆中浮浮沉沉。

游戏中的科学

倒扣的水果盘底部面积较大，入水后排开的水多，所以受到的浮力也较大。这个浮力大于水果盘的重力，所以倒扣的水果盘能够浮在水面上。而竖直放在水里的水果盘，由于插入水中的面积较小，排开的水少，受到的浮力也较小。这个浮力不足以托起水果盘，所以会下沉。

会潜水的乒乓球

一般情况下，把乒乓球放入水中，它都会浮出水面。现在我们做个让乒乓球潜水的游戏：先让它沉下去，再让它浮上来。

准备材料

1.一个可乐瓶、一把小刀

2.一个乒乓球

3.一个脸盆、水

游戏步骤

1 用小刀在可乐瓶侧面离底部大约5厘米处切开。

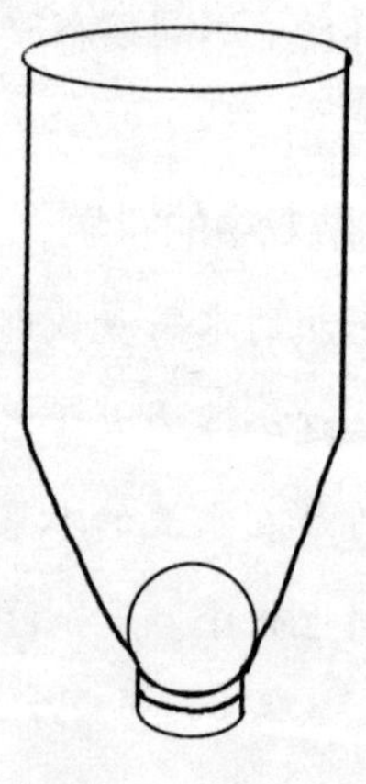

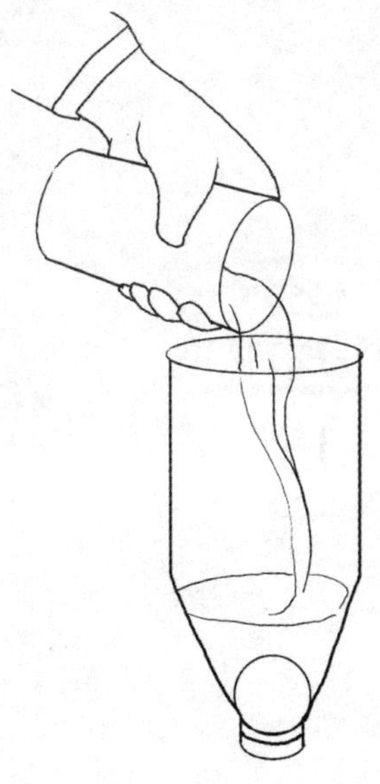

2 拧去可乐瓶的瓶盖，然后让瓶口朝下，放入乒乓球。

3 从上方往可乐瓶中倒水，可以看到可乐瓶虽然没有瓶盖，但是并没有漏水，而且乒乓球也沉在了可乐瓶瓶口处，没有浮上来。

4 在脸盆中放入一大半的水，然后把可乐瓶倒扣在脸盆中，发现乒乓球浮起来了。

游戏中的科学

乒乓球放在可乐瓶瓶口处时，堵住了瓶口，所以可乐瓶不会漏水。此外，乒乓球下面没有水，因而也就没有浮力，而乒乓球上方却受到了水的压力，所以乒乓球不会从瓶口浮起来。将可乐瓶倒扣着浸入脸盆中时，乒乓球下方受到了脸盆中水的浮力的作用，因而乒乓球会浮上水面。

在水里燃烧的蜡烛

俗话说“水火不相容”，可是，在下面的小游戏中，我们会看到蜡烛在水里也能够燃烧，赶快动手来试一试吧。

准备材料

1.一支小蜡烛、一枚一元硬币

2.一盒火柴、一只装了水的玻璃杯

游戏步骤

1 用火柴把蜡烛点燃。

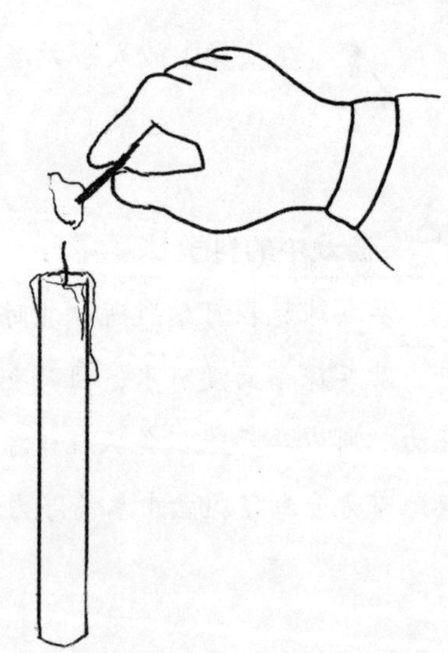

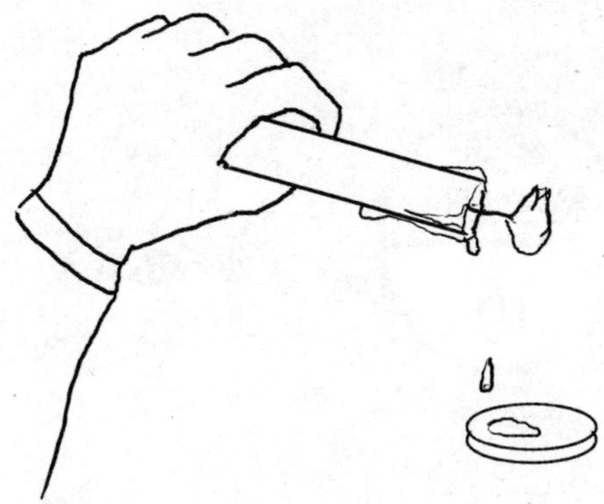

2 往一元硬币上滴上蜡油，再把蜡烛粘在硬币上。

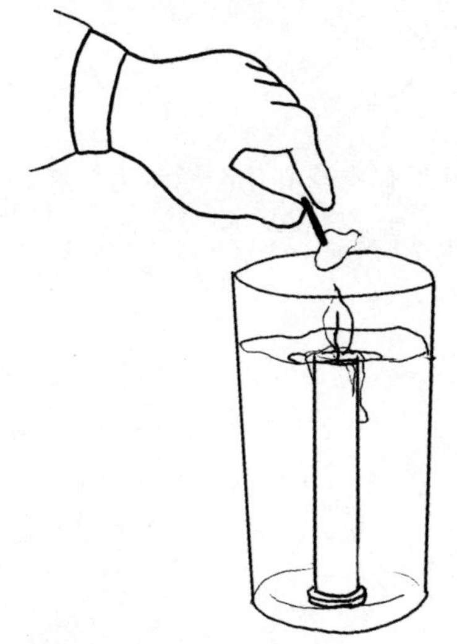

3 把粘了硬币的蜡烛吹灭，放进装了水的玻璃杯里，等到蜡烛沉到水中，蜡烛灯芯和水面几乎齐平时点燃蜡烛。

发生了什么？

蜡烛就会在水里燃烧。

游戏中的科学

由于同体积的蜡烛比水轻，而同体积的硬币比水重，所以将硬币粘在蜡烛底部时，蜡烛会依靠硬币直立起来，并与水面保持齐平。等到蜡烛点燃后，流下的蜡油因密度小于水，会浮在水面上，形成一道防水层，从而使灯芯不会变湿，所以我们会看到蜡烛在水里燃烧的现象。

游泳的“土豆鱼”

怎么才能让土豆块做的鱼在水里浮起来呢？你有没有什么好办法？想一想，再和下面游戏中的办法比一比，看看谁的更好。

准备材料

1.一个透明碗

2.一些盐、一把勺子、一只装水的杯子

3.一块土豆、两小片塑料片

4.红墨水

游戏步骤

1 将盐倒进透明碗里，然后加上水搅拌，使盐溶解。

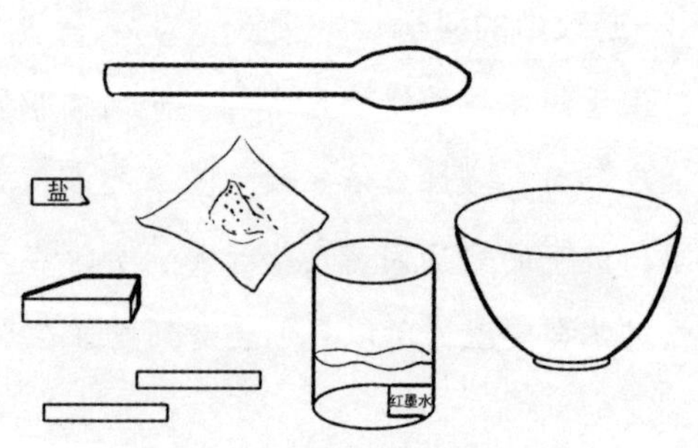

2 在装水的杯子里加上红墨水，把勺子直立在透明碗里。这时，沿着勺子把杯子里的红墨水缓缓注入碗里。你会发现，透明碗里的水分成两层。一层是无色的，一层是红色的。

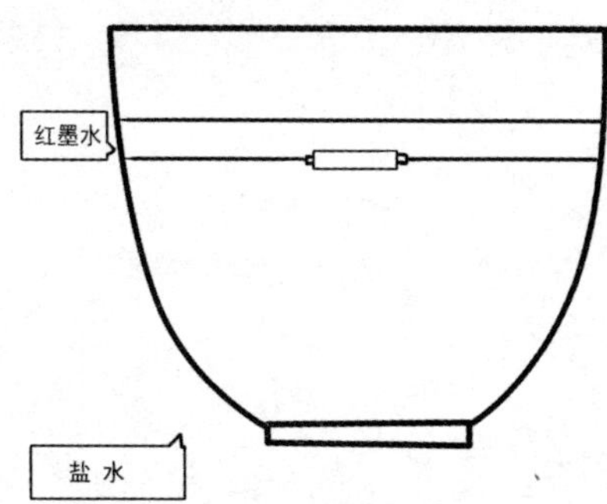

3 把两小片塑料片插在土豆块上，做成一个简易的鱼。然后，把土豆块做的鱼放进透明碗里。

发生了什么？

你会发现，“鱼”先下沉，接着停留在水的分层处。

游戏中的科学

盐水的密度比淡水高，而土豆块的密度介于两者之间。密度低的淡水会浮在密度高的盐水上，所以，红色的淡水会和盐水分层，而“土豆鱼”刚好停留在两者之间，就像在游泳一样。

旋转的鸡蛋

如果生鸡蛋和熟鸡蛋不小心混在了一起，你能不打破蛋壳而把它们分开吗？如果想很容易地分开它们，就来做这个游戏吧。

准备材料

1.两个生鸡蛋

2.一个熟鸡蛋

游戏步骤

1 把三个鸡蛋都放到桌子上，旋转每个鸡蛋。可以看到，有两个鸡蛋总是摇摇晃晃地转动着，另一个鸡蛋则旋转得很流畅。

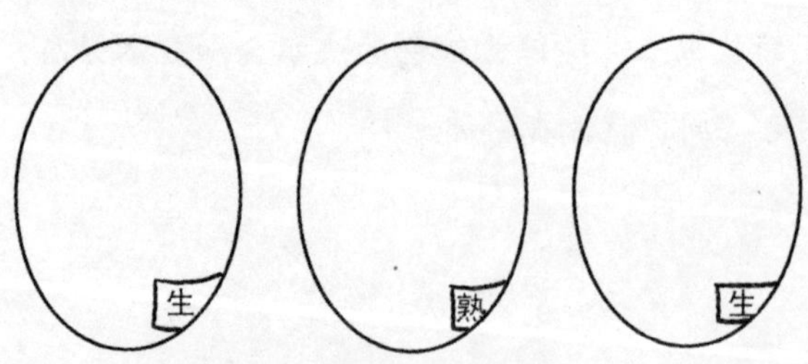

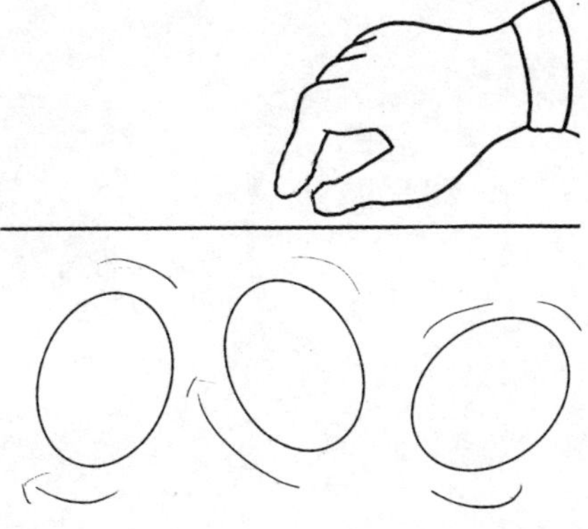

2 轻轻碰触旋转流畅的鸡蛋，它很快就停止旋转了。

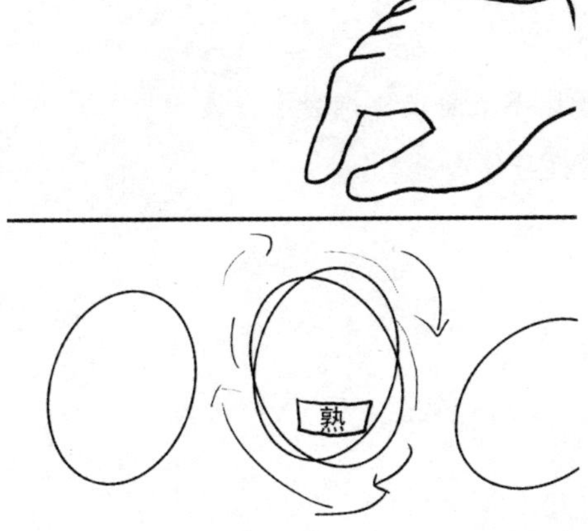

3 碰触另外两个鸡蛋，它们仍然摇晃着。

发生了什么？

能够流畅旋转的是熟鸡蛋，摇摇晃晃转动的则是生鸡蛋。

游戏中的科学

熟鸡蛋能够流畅旋转的秘密在于重心固定。生鸡蛋里装的是呈液体状的蛋清和蛋黄，它们可以到处移动，因此重心无法稳定。而熟鸡蛋内的蛋清和蛋黄都凝固了，呈固体状，重心不会移动，所以能够站立并流畅地旋转。

瓶子比赛

一个空瓶子和一个装着水的瓶子比赛滚斜坡，谁会滚得远一些？下面我们用小游戏来模拟一下比赛，看看谁最终会赢。

准备材料

1.两个相同大小的饮料瓶

2.两块木板、两张小板凳

游戏步骤

1 找一块平地，并排放上小板凳。

2 分别将两块木板的一端放在小板凳上，另一端放在地上，使两块木板形成两个斜坡。要求每块木板与地面所成的角度相同。

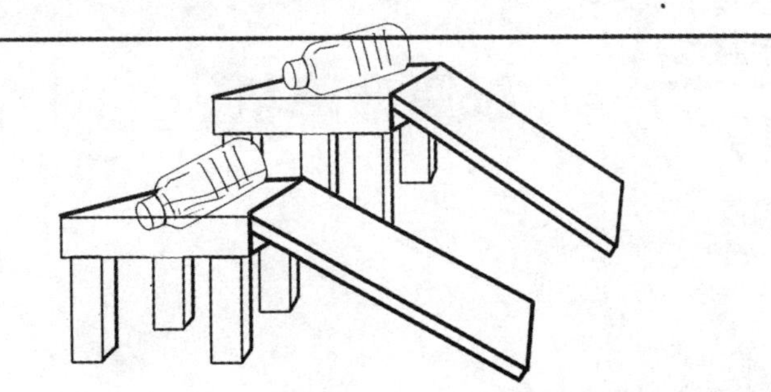

3 往一个饮料瓶内装入一半的水，另一个饮料瓶则让它空着。然后，把两个饮料瓶分别横放在斜坡的顶端，同时放手。

发生了什么？

一开始，装水的瓶子滚得比较快，但到了地面以后，装水的瓶子很快就停下来了，而空瓶子还会滚出去很远。

游戏中的科学

对于装有水的饮料瓶来说，因为水给了饮料瓶额外的重量，这样它的重力变大，所以它滚下斜坡时就快。但有水的饮料瓶本身较重，与地面产生的摩擦力也较大，这样它到了平地上很快就停了下来。而无水的瓶子重力较小，与地面摩擦也小，因此无水的瓶子能够滚很远。

纸筒升降机

你知道电梯为什么会一上一下的吗？想要揭开这个秘密，就动手做下面这个游戏吧！

准备材料

1.两根光滑的绳子

2.两枚回形针

3.一本旧杂志

游戏步骤

1 将旧杂志卷成圆筒状，上下两个接口用回形针别住。

2 把一根绳子对折后由上往下穿入圆筒内。另一根绳子对折后由下往上伸进圆筒内，然后穿过上面的绳子对折形成的绳圈，并用对折形成的绳圈勾住下面的回形针。

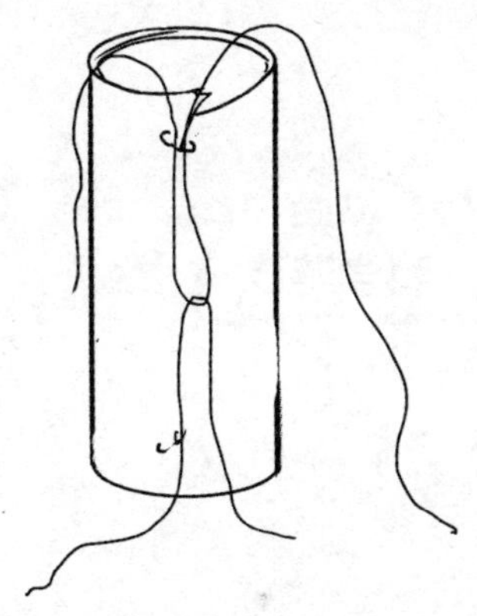

3 双手分别抓住绳子的两头。

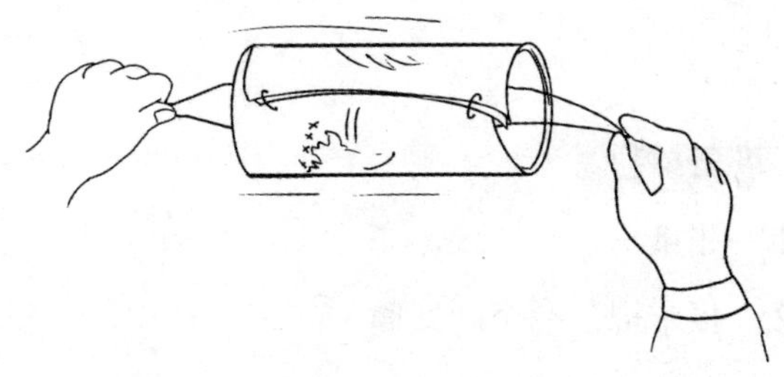

发生了什么？

下面的绳子放松，上面的绳子拉紧，圆筒就开始下降；下面的绳子拉紧，上面的绳子放松，圆筒就开始上升。

游戏中的科学

重力和拉力的共同作用使得圆筒上上下下地运动。当下面的绳子放松时，在重力作用下，圆筒自然下降；而下面绳了的拉力，使得圆筒上升。电梯能够升降就是这个原理。

捅不破的纸

木棍很硬，薄纸很软，可是，我们用木棍却无法捅破一张薄纸！很奇怪吗？让我们来试试吧。

准备材料

1.一张纸

2.一根木棍、一个硬纸筒

3.一条橡皮筋、一些沙子

游戏步骤

1 用纸包住硬纸筒的一端，然后用橡皮筋把它固定住。

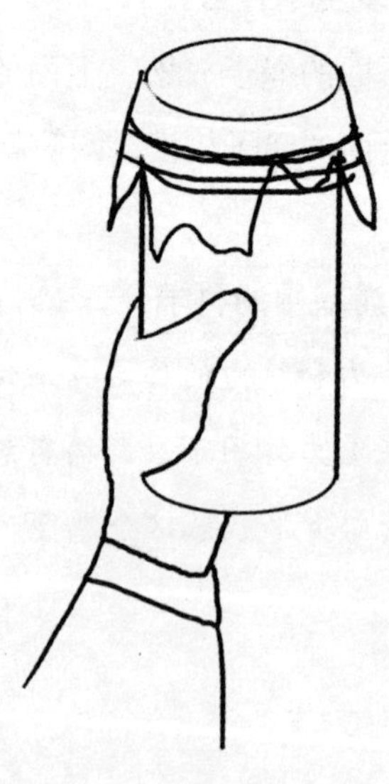

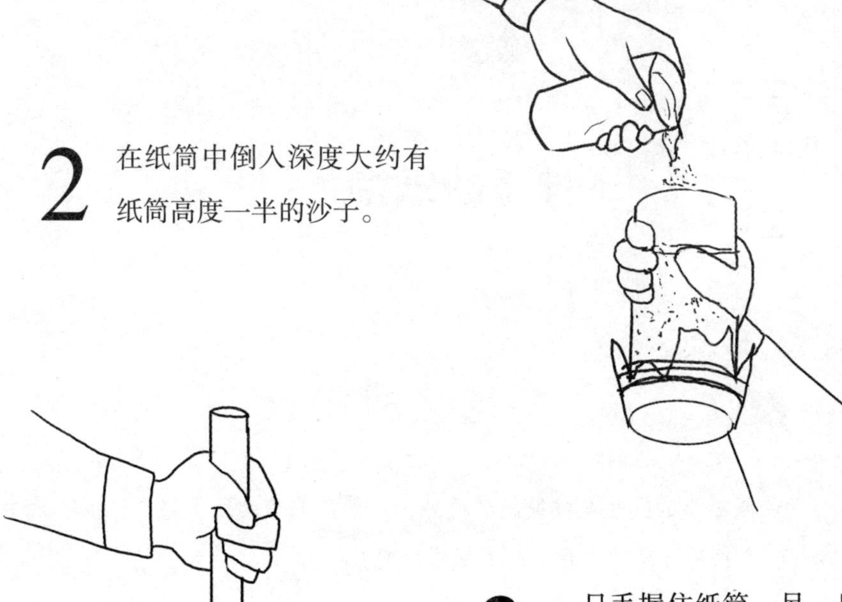

2 在纸筒中倒入深度大约有纸筒高度一半的沙子。

3 一只手握住纸筒，另一只手把木棍插进沙子里，用力将木棍往下按。

发生了什么？

你会发现，尽管你用了很大的力气按木棍，但是木棍还是没办法捅破纸筒底部的那张纸。

游戏中的科学

当你把木棍插入装有沙子的纸筒并往下按木棍时，由于沙粒之间存在很多微小的间隙，沙子在压力的作用下相互挤碰乱窜，这样就把按木棍的力量转移到了各个方向。所以，按木棍的力量只有很少的一部分作用到了纸上，自然不能把纸捅破了。

神奇的纸桥

一张小小的纸片在被做成纸桥后，竟然能够承受住比它重许多倍的玻璃杯！它这种神奇的力量是从哪里来的呢？

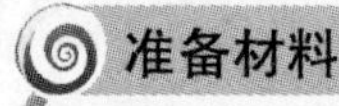

1.一张较厚的打印纸

2.3只同样大的玻璃杯

游戏步骤

1 将两个杯子倒放在桌上，杯子间相隔一定的距离。

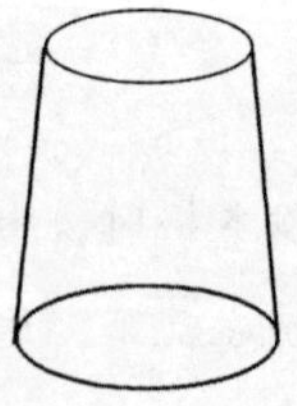
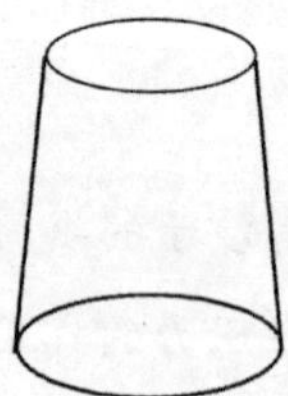

2 拿一张纸同时盖住两个杯子，再在纸上放一个杯子。

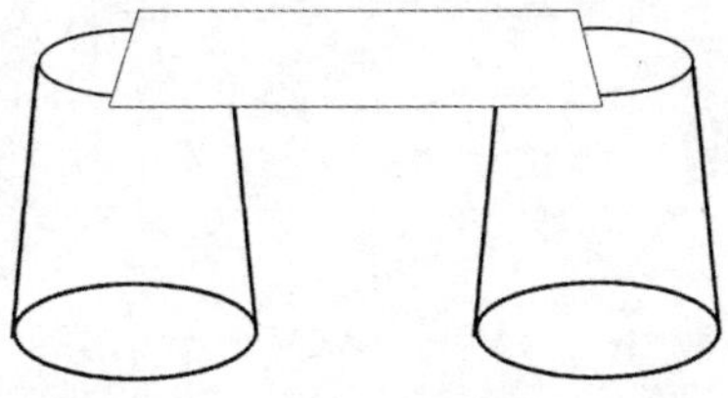

3 把纸折成百褶裙的样子，每个褶之间的距离要相同。然后将折纸平放在两个杯子上，再把另一个杯子放上去。

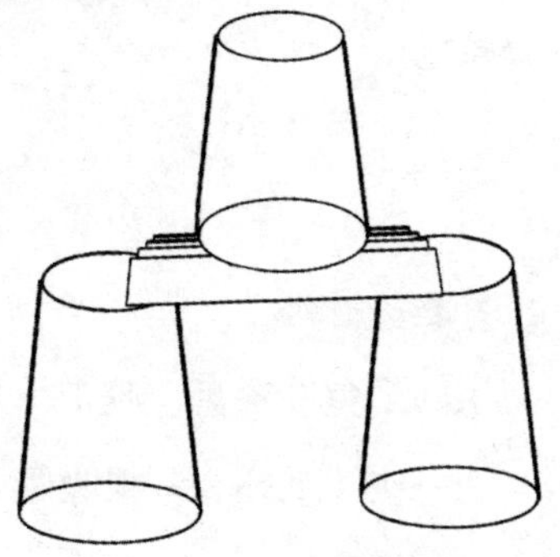

发生了什么？

第一个杯子很快掉在桌子上，而第二个杯子稳稳地立在了纸上。

游戏中的科学

杯子放在平整的纸上，重量就集中在杯底部分的纸上。而纸的支撑力是无法托住比它重很多的杯子的。然而当纸经过折叠之后，杯子的重量就分散到多个折痕上，于是折痕承受住了杯子的重量，使杯子掉不下来。

会走的纸船

纸杯做的船不需要借助外力，就能够自己走起来，想玩吗？那就一起动手吧！

准备材料

1.两个免洗餐盘、胶带

2.一次性纸杯、一根吸管

3.一把剪刀、一大盆水

游戏步骤

1 把两个免洗餐盘的盘口相对用胶带固定住。

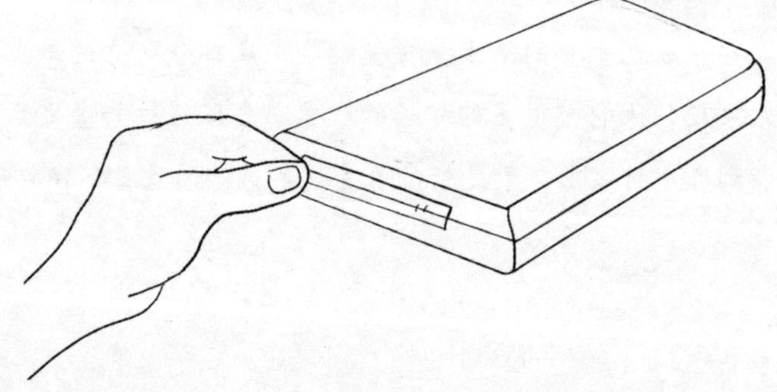

2 把纸杯底部侧面用剪刀穿个洞，装上吸管，用胶带固定。

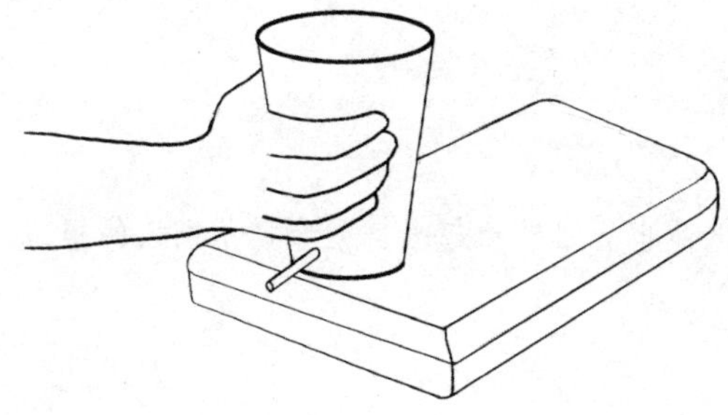

3 把装上吸管的纸杯口朝上放在固定好的免洗餐盘的底部，用胶带固定住。

4 把做好的纸杯船放在水面上。

发生了什么?

往纸杯里加水，纸杯船就会自动地向前行驶。

游戏中的科学

我们把水不断地加进纸杯里，水就会不断地从吸管里流出来，从而形成一股反作用力。在反作用力的推动下，纸杯船就会不断地向前行驶。

跟风的电池

你只要动一节电池，另一节电池也会跟着动起来，就像模仿别人的跟风行为一样。听上去是不是像变戏法呢？

准备材料

1.一个方形木框、胶带线

2.两节同一型号的电池

3.红色、绿色纸各一张

游戏步骤

1 裁一段线，将线的两端分别牢牢系在木框的两边上，线横在木框中央，与木框边平行，作为主线。

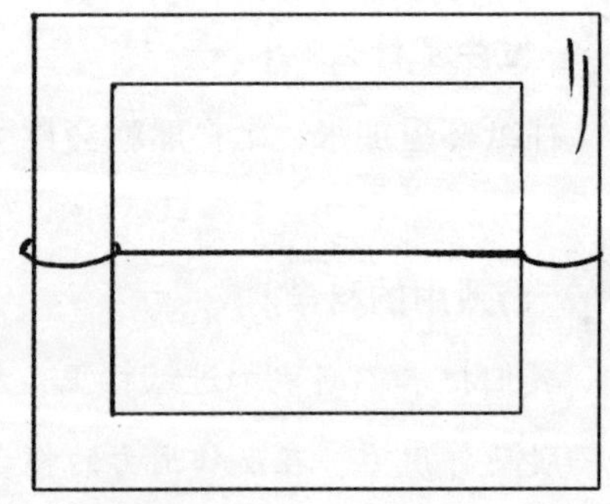

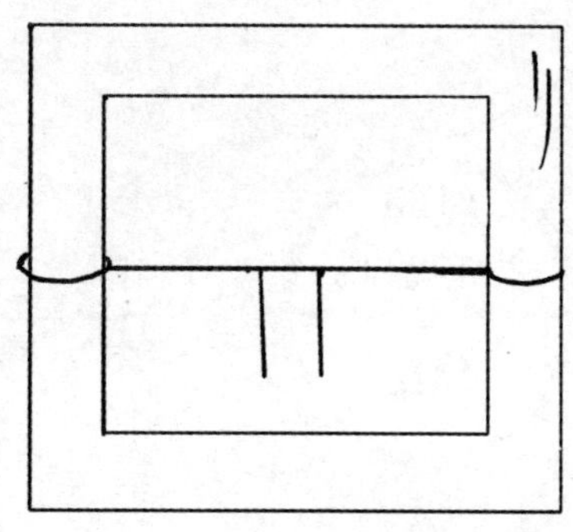

2 再裁两段一样长的线，系在主线上，并分别垂在主线的两侧。

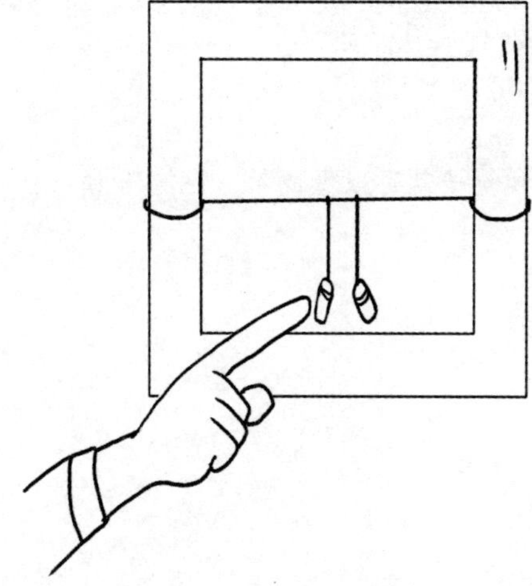

3 把两节电池分别包上红纸和绿纸，并用胶带固定住，再分别系在垂下来的线的下端。

发生了什么？

摇动红色的电池，绿色的也会跟着动。而当红色电池快要停下来时，又会在绿色电池的带动下再次动起来。

游戏中的科学

这个跟风的电池利用了共振原理。在两端垂线长度相同的情况下，物体能够产生共振，即一个物体的运动会带动另一个物体。而当第一个物体快要停止时，它又会被另一个正在动着的物体带动，这样反复几次，才会停下来。

水琴

真是不可思议！只用装水的玻璃杯和筷子就可以做成琴，还能奏出一段美妙的音乐！快动手试试吧。

准备材料

1.8只玻璃杯

2.一双筷子

游戏步骤

1 把8只玻璃杯依次排开，排成“一”字形。

2 往玻璃杯里依次加水，第一只杯子里装满，加入其余杯子里的水依次减少。

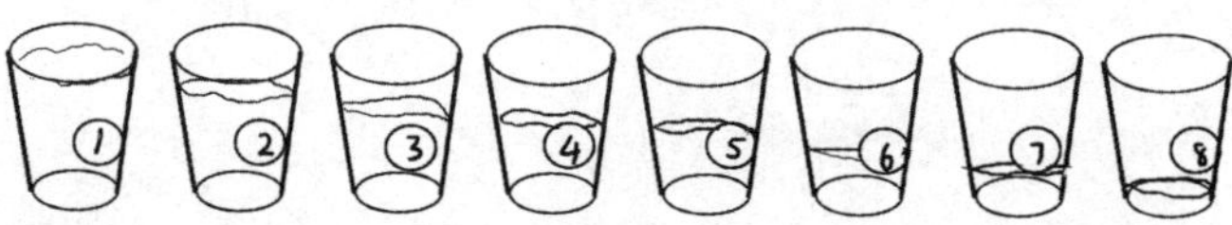

3 用筷子依次敲击杯口，可以听到各个杯子发出的声音高低不同。

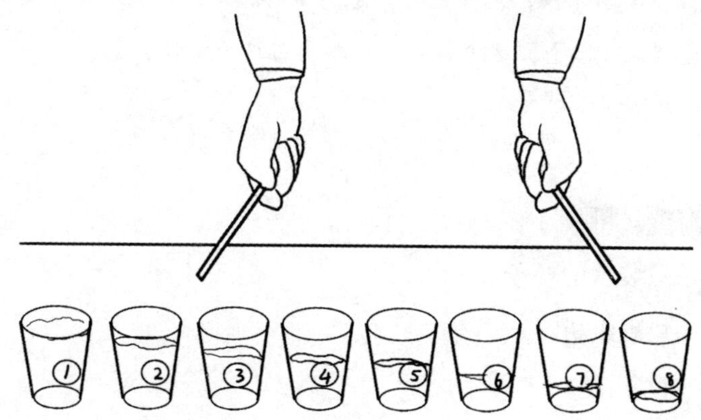

发生了什么？

杯子里的水越多，声音越小；水越少，声音越大。

游戏中的科学

物体振动发出的声音与物体本身有关系。物体本身的质量越大，振动时频率越低，发出的声音越低。反之，发出的声音越高。所以，玻璃杯中装的水多少不一样，发出的声音也会高低不同。

安分的硬币

你坐车的时候，是不是有过急刹车时身体往前栽的经历呢？你知道其中的道理吗？做下面这个游戏，你就明白这是为什么了。

准备材料

1.一只装水的杯子

2.一块硬纸板

3.一枚硬币

游戏步骤

1 把硬纸板盖在杯口上，硬币放在纸板上。

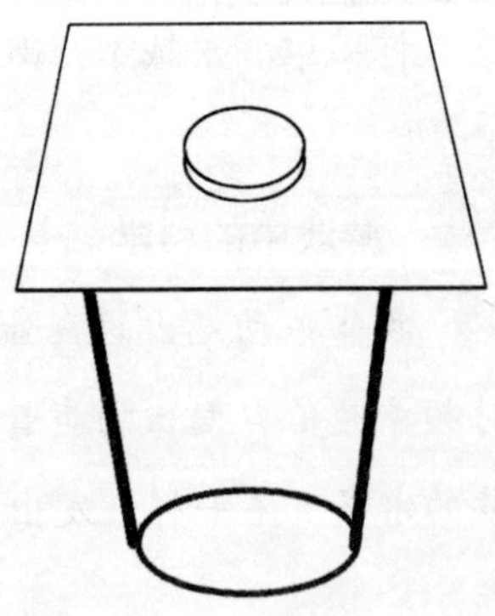

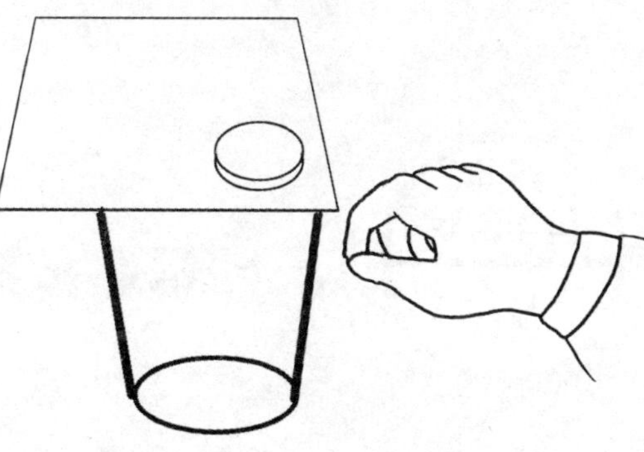

2 用手指用力弹硬纸板，结果硬纸板飞出去了，硬币掉入杯里。

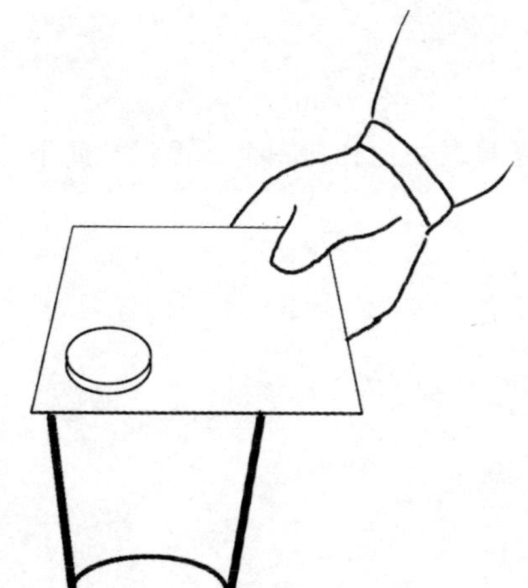

3 重新把硬币放在硬纸板上。用手快速地拉出硬纸板，硬纸板被拉出来，硬币掉到杯里了。

发生了什么？

硬币不会随着纸板一起飞出去，无论怎样，硬币都会掉到杯子里。

游戏中的科学

这个游戏利用了物体都具有惯性的原理，就是物体有保持原来运动状态的特点。硬纸板在受到外力的作用下，从杯子口飞了出去，而硬币维持着它的静止状态，仍然停留在原处，所以会掉入杯中。

妙招取象棋

一摞码得整整齐齐的棋子，你可以不碰其中的任何一个，而把最底下的棋子拿出来吗？

准备材料

14个同样大小的象棋棋子

游戏步骤

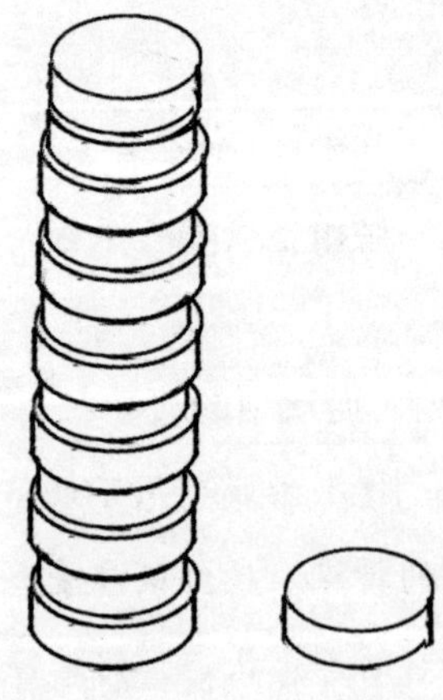

1 将13个棋子叠放成一摞。在这摞棋子旁边放一个棋子，中间相隔2厘米。

2 用食指用力弹动旁边的棋子去碰撞一摞棋子中最底下的那一个。

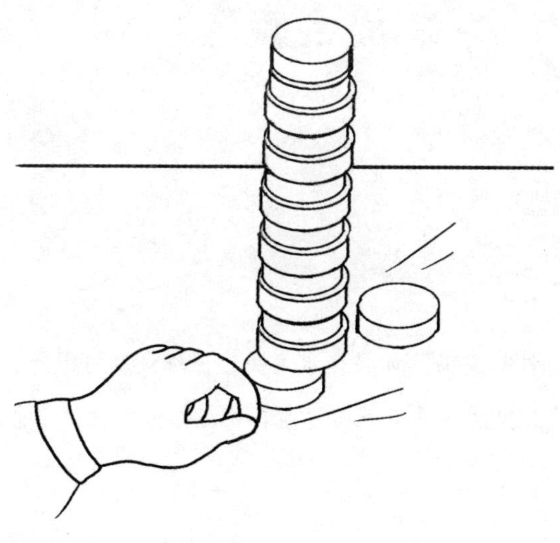

发生了什么？

结果，最底下的棋子从一摞棋子中飞出来，而其他的棋子仍然整齐地待在原位。

游戏中的科学

一整摞棋子都处于静止状态，因为惯性的作用，它们都要保持原来的状态，因此当最底下的一个棋子突然被弹出去时，其他棋子也会一直保持不动。

水流会转弯

小朋友，你知道吗？如果让水龙头流出细细的一股水，然后把吸管靠近时，水流就会突然向吸管方向弯曲。不信你可以做做下面这个小实验。

准备材料

面巾纸、吸管

游戏步骤

1 调节水龙头的出水量，使流出的水尽量成为细细的一股。

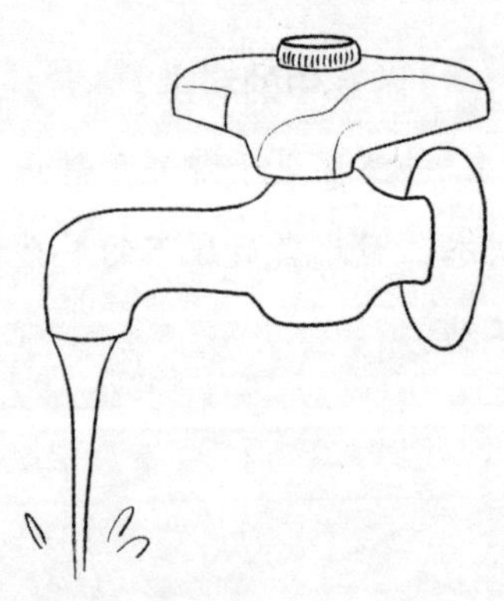

2 用面巾纸摩擦吸管几次。

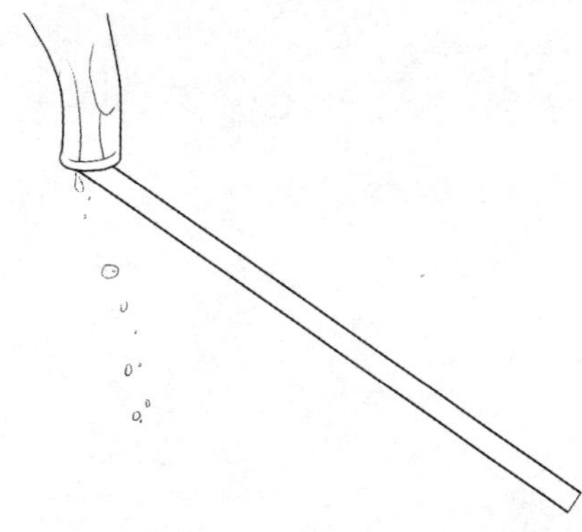

3 把吸管靠近水流。

发生了什么？

水流会被吸管吸引，变得弯曲。

游戏中的科学

电荷周围存在着一种叫做电场的物质，电场的基本性质就是对其中的电荷有力的作用。当用面巾纸反复摩擦吸管后，吸管上面就会聚积大量的负电荷。当吸管靠近水流时，其所带的负电荷的电场，会对水流中的自由电荷产生趋向吸管的静电力，这样水流就会突然往吸管的方向弯曲了。

喜欢沙子的栗子

你喜欢吃糖炒栗子吗？栗子要和沙子在一起炒，这样炒出来的栗子才会又香又酥软，你知道这是为什么吗？

准备材料

1.带壳的生栗子

2.沙子、一口炒锅

3.一把铲子

游戏步骤

1 把一部分栗子放在炒锅里翻炒，不放沙子。

2 翻炒一会儿，倒出来看，你会发现，一部分栗子已经糊了，还有一些是生的。

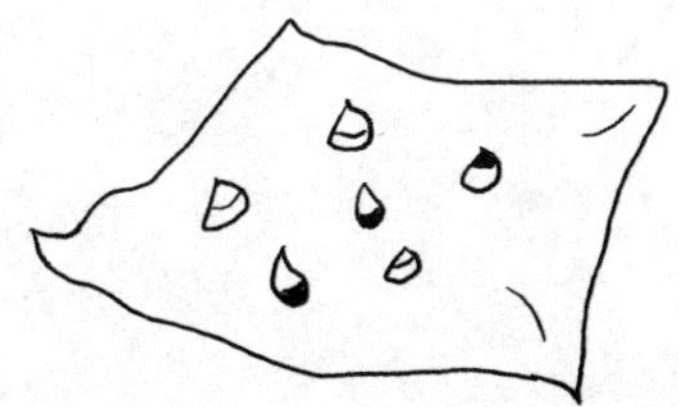

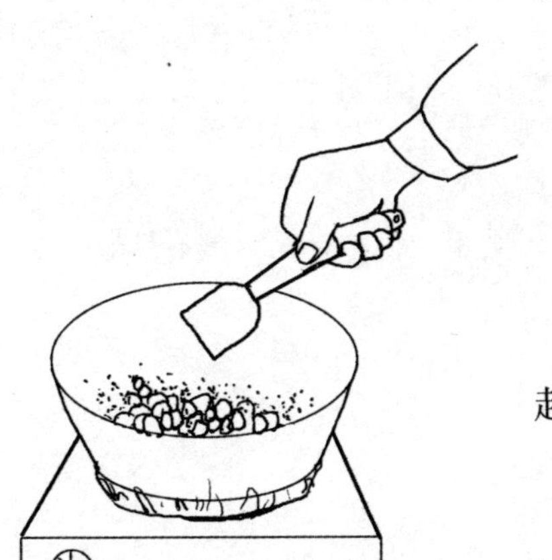

3 在炒锅里放入其余的栗子，把沙子倒进炒锅里和栗子一起翻炒。

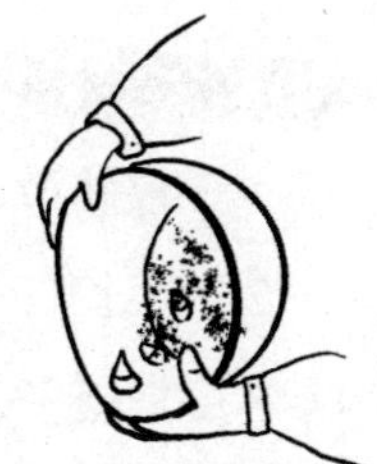

4 炒一会儿，倒出来看，你会发现，栗子变得香喷喷的，很少有炒糊的和夹生的。

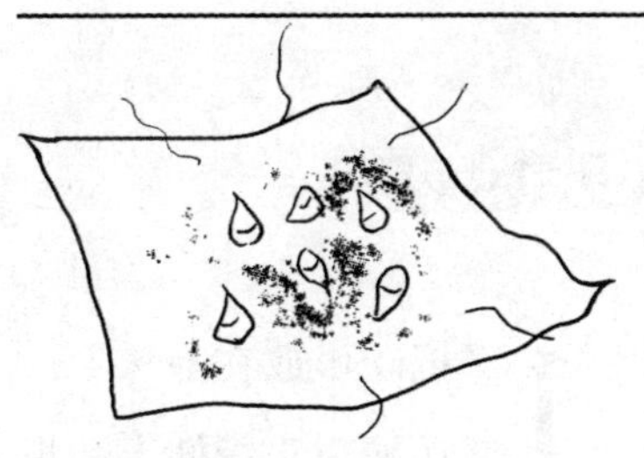

游戏中的科学

栗子个大，单独炒时受热不均匀，所以容易炒糊或夹生。而沙子具有颗粒小、容易受热的特点，把它与栗子放在一起炒，热沙子把栗子团团围住，使栗子的受热变得均匀，这样栗子就容易熟透了。

随心所欲的硬币

硬币竟然能够随心所欲地变大变小，是不是很神奇呢？想不想亲眼看一看硬币的魔法呢？

准备材料

1.一枚硬币、一盒火柴

2.两根长钉子、一块泡沫

3.一把镊子、一支蜡烛

游戏步骤

1 把硬币放在泡沫上，在硬币边缘插上两根钉子。移动硬币，调整钉子间的距离，直到硬币刚好能通过两根钉子之间的空隙。

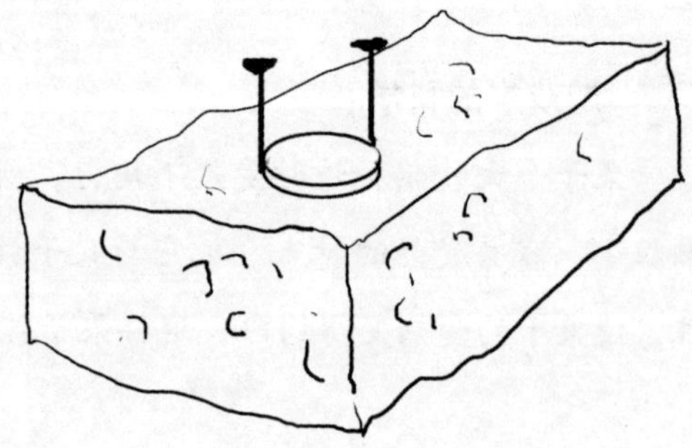

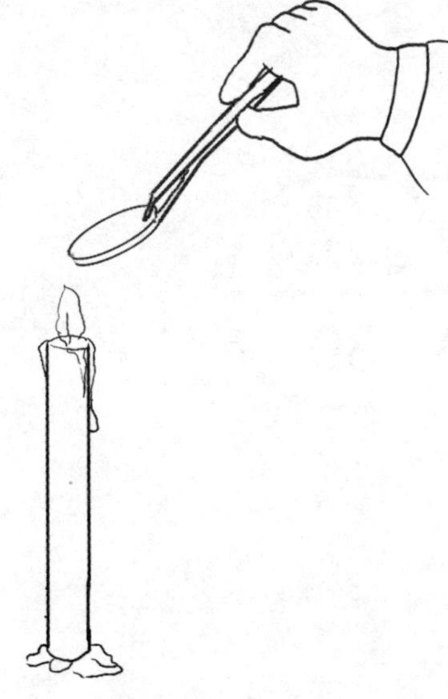

2 点燃蜡烛，用镊子夹住硬币在蜡烛上烧一会儿。

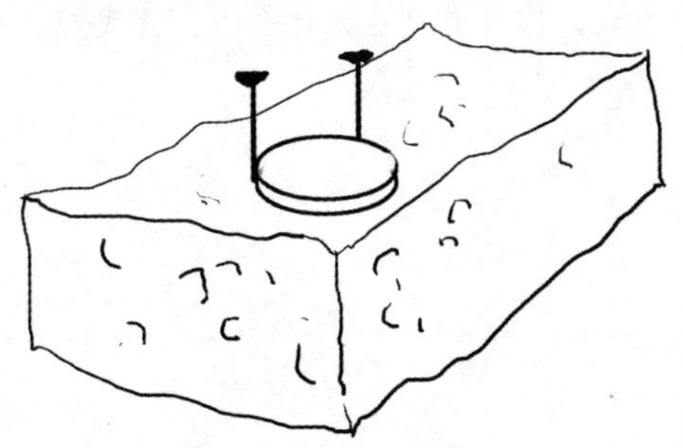

3 把硬币放在两根钉子之间，明显可以看到硬币变“胖”了，刚才还能自由出入，现在已经无法通过钉子间的缝隙。

4 把硬币放一会儿，等它冷却之后，再让它过一次钉子间的缝隙，这回它又能通过去了。

发生了什么？

硬币在不同情况下，对同一个间隙却不能来去自如。

游戏中的科学

这个游戏的原理是物体会热胀冷缩。把硬币在蜡烛上烧一会儿，硬币受热膨胀，再放到两根钉子之间时，就会被卡住。过一会儿，硬币变冷恢复原状，又能够从钉子之间通过了。

长大的冰块

放在瓶子里的水结了冰时竟然会变大，你知道这是为什么吗？让我们来玩这个游戏，看看冰块是怎样长大的吧。

准备材料

1.一个带盖子的玻璃瓶

2.水

3.一台冰箱

游戏步骤

1 把玻璃瓶装满水，盖上瓶盖，不要拧紧。

2 把装好水的玻璃瓶放到冰箱的冷冻室里。

3 第二天，从冰箱里拿出玻璃瓶。

发生了什么？

这时你会发现，玻璃瓶中的水结成了冰块，已经冒出了玻璃瓶，把瓶盖顶了起来。

游戏中的科学

玻璃瓶中的冰把瓶盖顶了起来，是因为水结冰的时候体积会膨胀。因为冰的分子排列呈六角形结构，而且冰分子间的距离远比液态的水分子间距离要大，所以，水变成冰以后，看上去就像是长大了一样。

会隐身的硬币

你一定听过隐身术的故事吧？想不想当一回哈里·波特，拥有一枚会隐身的硬币呢？仔细看下面这个游戏，你就能发现其中的奥秘。

准备材料

1.一枚一元硬币

2.一个广口玻璃杯

3.水

游戏步骤

1 把硬币放在桌子上，玻璃杯放在硬币的上面，杯底压住硬币。

2 从杯子侧面望过去，可以看到玻璃杯底的硬币。

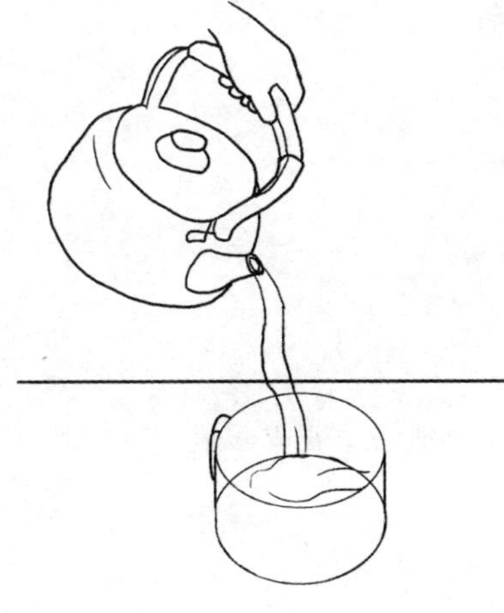

3 往玻璃杯里倒水，过一会儿，在杯子侧面就看不到硬币了。

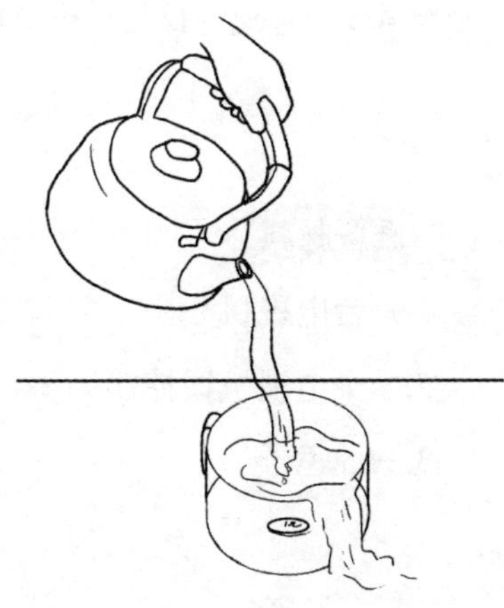

4 再缓缓往玻璃杯里倒水，直到水溢出来，这个时候，你会发现，硬币又回来了。

发生了什么?

硬币先消失，然后慢慢又出现了。

游戏中的科学

硬币真的有魔力吗? 当然没有。我们之所以能让硬币隐身又变出来，是因为光既会折射，也存在反射。玻璃杯中装入一些水以后，光被水面全部反射走了，来自硬币的光就无法进入眼睛，所以你就看不到硬币了。而等到水装满杯子甚至溢出来以后，有一部分光线经过折射后又能进到眼睛里，硬币就再次出现了。

听话的电视机

你能想象得到吗？不在放电视的屋子里，也能让电视乖乖地听话。做这个游戏，你就可以轻松地指挥电视机哦。

准备材料

1.一台电视机

2.一个电视机遥控器

3.一面镜子

游戏步骤

1 手拿遥控器站在放电视机的屋子外面，让小伙伴帮忙拿着镜子，调好角度，保证你能够从镜子里看到电视机。

2 把遥控器对准镜子里的电视机，按下遥控器。

3 回到屋子里，你会发现，电视机真的听从你的指令换台了。

发生了什么？

你仅仅需要对着镜子里的电视机就能从容地控制电视机换台了。

游戏中的科学

电视机的遥控器是一把光束枪，可以发射出人眼看不见的红外线。当对准镜子里的电视机按下遥控器时，遥控器里发出的红外线会被镜子反射到电视机的光探测器附近并被捕捉到，所以电视机能够乖乖地听话。

魔法镜

在《白雪公主》中，那个嫉妒心强的皇后有面魔镜，能知道世界上谁最美丽。在这里，有面能把一支蜡烛变成无穷多支的镜子。这是怎么回事呢？

准备材料

1.两面镜子

2.一团橡皮泥、一把小刀

3.一支蜡烛、一盒火柴

游戏步骤

1 用小刀将一面镜子背面的水银划出一个直径2厘米左右的圆圈，作为观察孔。

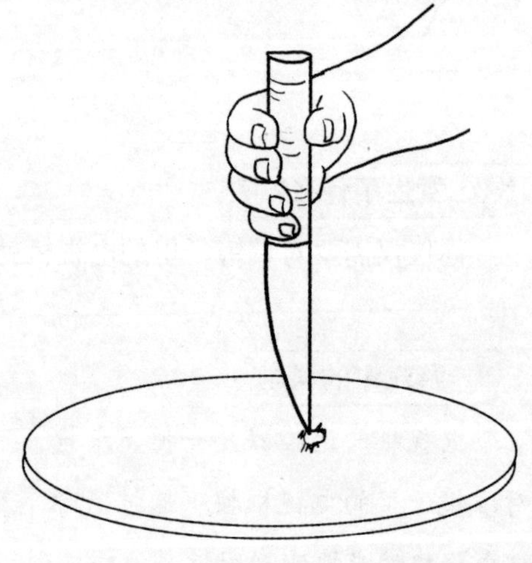

2 用橡皮泥将两面镜子垂直于桌面固定，镜面要相对，并平行，间距在10厘米左右。

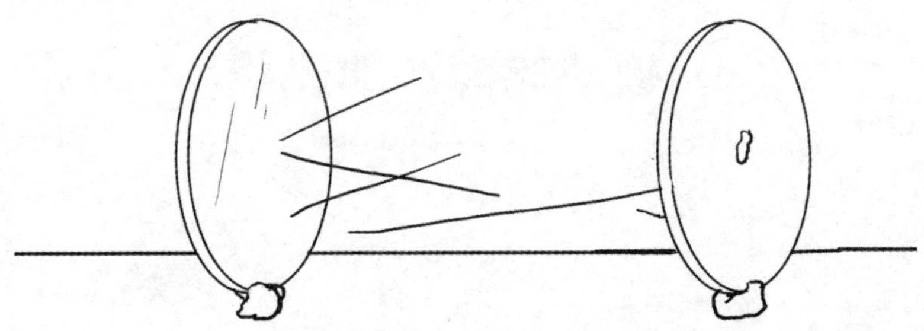

3 用火柴点燃蜡烛，然后把蜡烛放在两面镜子之间。

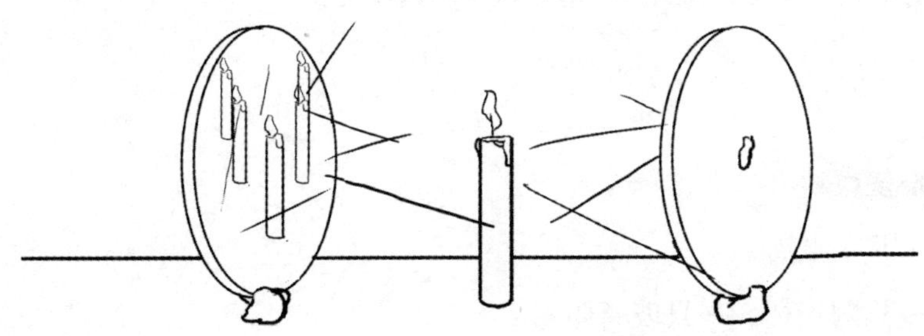

发生了什么？

通过观察孔仔细观察，你会发现蜡烛的影像在两面镜子里，被反复投射了无数次。

游戏中的科学

镜子会反射光线，也就是说光线遇到镜面就会被原路反射回去。因此，两面平行的镜子之间的蜡烛的像，就在镜子之间被反射来反射去，无穷无止。如果镜子不是平行的，而是成一定角度，那就不能确保你看到的是无穷无尽的反射影像了。

被“吃掉”的光线

光线都是沿着直线传播的，它给人类带来光明，可是光线也有被“吃掉”的时候，不信，咱们就一起来做这个游戏吧！

准备材料

1.一只手电筒

2.一只陶瓷杯、一只玻璃杯

3.一片玻璃

游戏步骤

1 来到一个有白色墙壁的屋子里，然后把陶瓷杯、玻璃片等都放在白色墙壁的前面。

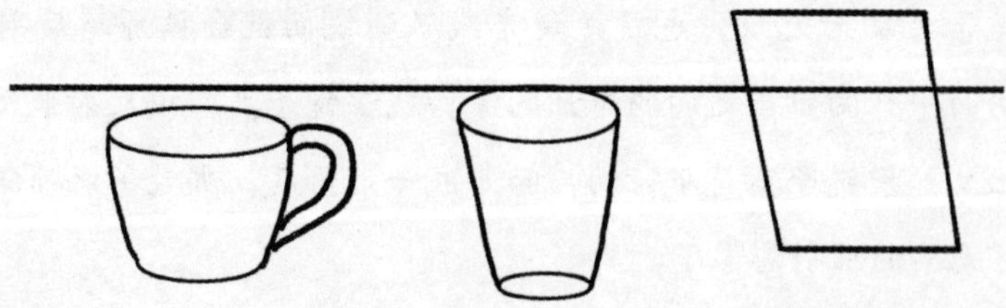

2 打开手电筒，然后让手电筒的光对准陶瓷杯等照过去。这个过程要注意关上灯，或者拉上窗帘，保持屋内没有光线。

发生了什么?

你会发现陶瓷杯后面的墙上出现了一团阴影，光被完全“吃掉”了。玻璃杯、玻璃片和透明纸背后的墙上有淡淡的影子，好像光线被“吃掉”了一部分一样。

游戏中的科学

陶瓷等物质会阻碍光的传播，光射在这些材料制成的物体上面会被反弹回来。所以，陶瓷杯被光线照到时，墙壁上呈现出一团阴影。而光能够穿透玻璃、透明纸等物质。不过在穿过这些物质时，光会失去一部分能量，使亮度变小，从而出现淡淡的影子。

箭头指向何方

箭头会自动改变方向，你相信吗？不是你眼睛的幻觉，而是有道理的哦。还是自己动手试一试吧。

准备材料

1.一张白色纸片

2.一支笔

3.一只透明水杯、水

游戏步骤

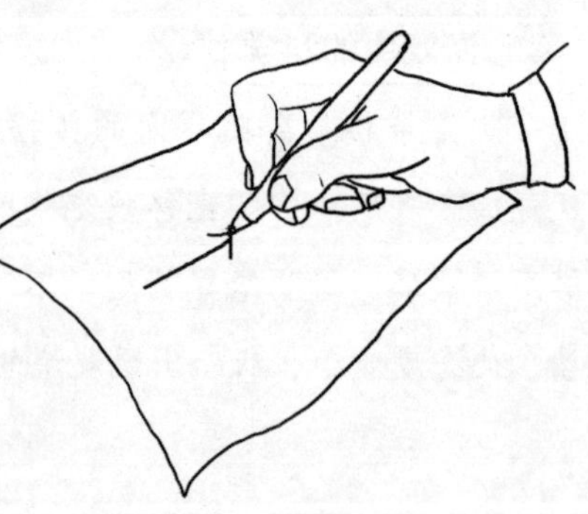

1 用笔在白色纸片上画一个箭头向右的粗箭头。

2 往透明水杯中倒入大约半杯水。

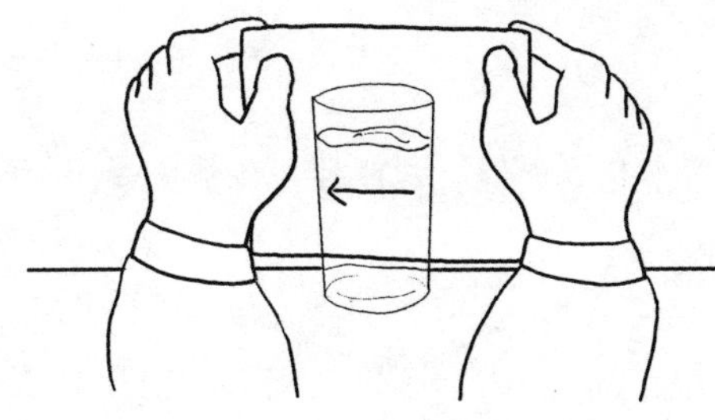

3 把纸片平放在水杯后面，注意观察纸片上的箭头。

发生了什么?

你会发现，箭头指向了左边。

游戏中的科学

箭头改变方向实际上是利用了凸透镜的原理。水和杯子就像一个凸透镜，光线经过折射之后，除了经过光心的光线不改变方向，其他光线都会改变方向，所以，我们看到的杯子后的箭头改指左边了。

水滴放大镜

小小的水滴真是“善变”，它虽然不是放大镜，却能够变成放大镜，把报纸上的小字神奇地放大！来试试吧。

准备材料

1.一片玻璃

2.一张报纸、水

3.一支滴管

游戏步骤

1 手拿着玻璃片放在报纸上，透过玻璃片观察报纸上的文字，发现没有变化。

2 用滴管在玻璃片上滴一滴水。

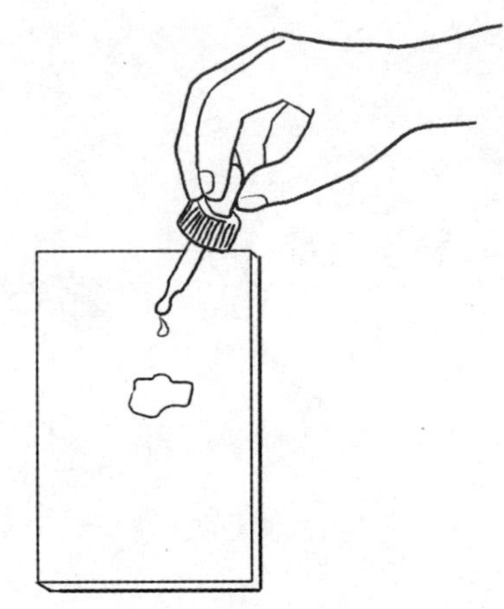

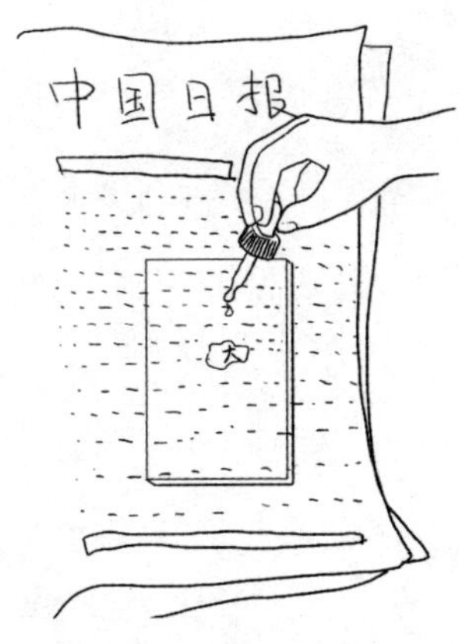

3 手拿着玻璃片放在报纸上，透过小水滴观察报纸上的文字。

发生了什么?

发现文字看上去变大了。

游戏中的科学

水和玻璃都是透明的。把水滴在玻璃片上，水的表面张力使水滴缩成了球状，滴在平整的玻璃上就成了底面平整、上面凸起的“平凸透镜”，它和真正的凸透镜一样，能够放大物体，所以透过水滴看过去，报纸上的字变大了。

隔空断绳

不碰绳子，却能够隔空把绳子弄断，这不是天方夜谭，你也可以做到。做这个游戏，体验一下魔术大师的乐趣吧。

准备材料

1.一个放大镜

2.一根细绳子

3.一只可以密封的玻璃杯

游戏步骤

1 把细绳子放进玻璃杯里，把玻璃杯密封起来。

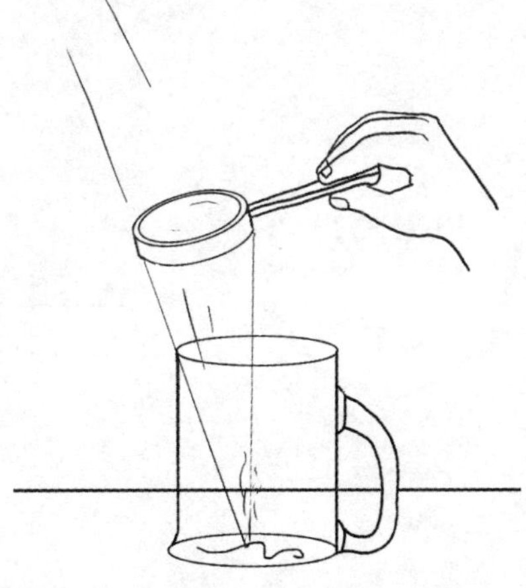

2 把玻璃杯拿到阳光充足的地方，用放大镜把阳光聚焦在绳子的一点上，不要移动位置。

发生了什么?

你会发现，大概10分钟后，玻璃杯里的绳子自动断开了。

游戏中的科学

放大镜能够会聚光线。经过放大镜折射后，太阳光会聚在绳子的一个点上。太阳光是有热量的，因此会聚的这个点的温度不断升高。一段时间后，高温就将绳子点着了，绳子就会被烧断。

变脸

纸张能够变魔术，让你的脸变得一半黑一半白哦！你想不想成为会变脸的魔术师呢？快来试一试吧。

准备材料

1.一只手电筒

2.一张白色纸、一张黑色纸

3.一面挂在墙上的镜子

游戏步骤

1 到一间黑暗的屋子里，让小伙伴帮忙打开手电筒，放在你的左脸旁边，让手电筒的光照在你的鼻子上。

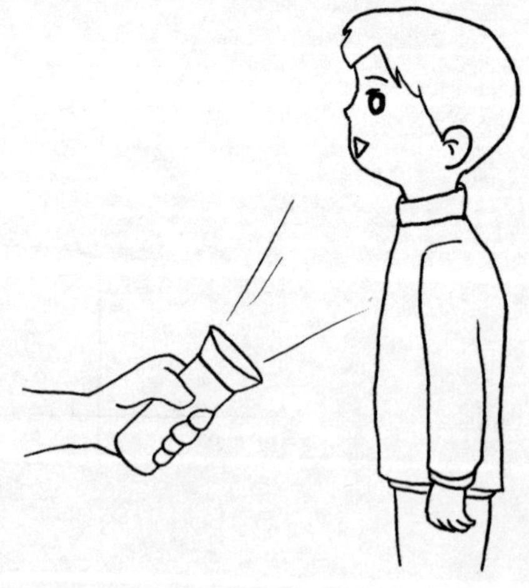

2 把黑纸立着放在脸的右边，正对着手电筒的光，你通过镜子就会发现右半边脸显暗。

3 再把白纸立着放在脸的右边，正对着手电筒的光，结果，你会发现右脸变得很白。

游戏中的科学

白纸能反射光线，当手电筒的光照过来时，它会把光重新反射到你的脸上，所以你的右半边脸很白。黑纸几乎不反射光线，它会吸收大部分光，所以你的右半边脸会显暗。

人造彩虹

夏天，下完雨后，天上就会出现美丽的彩虹，很漂亮吧！现在，我们来自己动手造彩虹吧！

准备材料

1.一个装着水的盆子

2.一面小镜子

3.一张白纸

游戏步骤

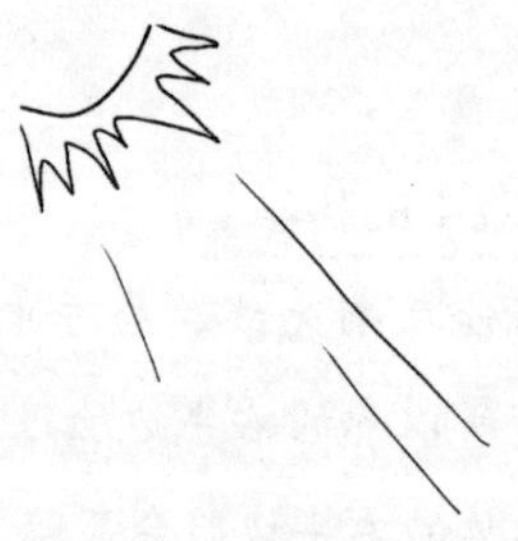

1 在一个晴天，把装水的盆子放在院子里。

2 把小镜子的一半斜插进水里。

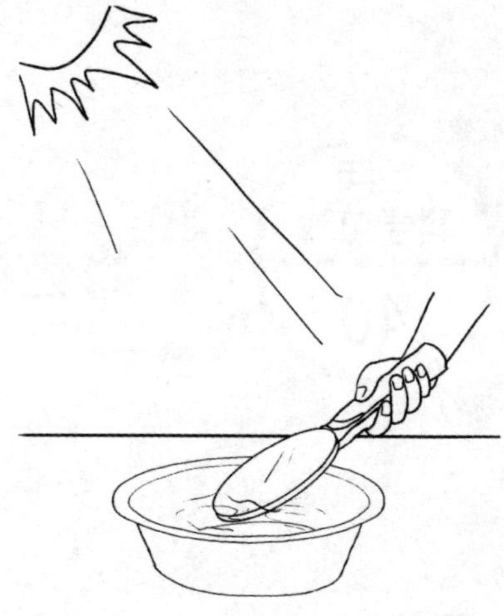

3 把白纸放在镜子的对面。调整镜面角度，使阳光能够反射到白纸上。

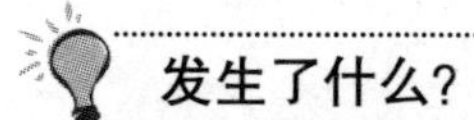

发生了什么？

你会看到，白纸上出现了一道闪亮的彩虹。

游戏中的科学

这个游戏利用了三棱镜能将白色光分解成单色光的原理。小镜子斜插在水盆里，镜面和水面形成了一个类似于三棱镜的“楔”形水体。在它的作用下，阳光被分解成7种颜色的光，从而形成彩虹。下雨后天空出现的彩虹则是由小水滴散射阳光形成的。

彩色变白色

如果问你太阳光是什么颜色的，你会怎么回答呢？如果你不假思索地回答“白色”，那么下面的这个游戏，一定会让你对阳光有更深的认识。

准备材料

1.一块厚纸板

2.一把剪刀、一个圆规

3.一根圆珠笔芯、彩笔

游戏步骤

1 用圆规在厚纸板上划出一个直径8厘米的圆，用剪刀剪下来。

2 用彩笔把圆纸板分成7等份，并在7个等份中分别涂上红、橙、黄、绿、青、蓝、紫7种颜色。

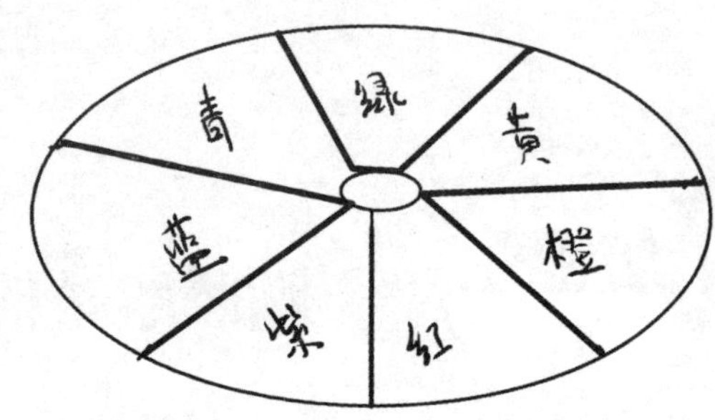

3 把圆珠笔芯从厚纸板的圆心部位穿过去，将圆珠笔尖对着地面快速旋转。

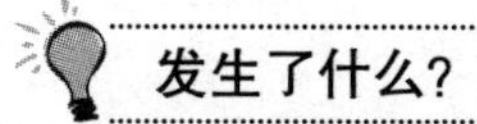

发生了什么?

圆盘转起来，彩色的纸板看上去成了灰白色。

游戏中的科学

我们平常看到的太阳光，尽管看上去是白色的，但实际上是由红、橙、黄、绿、青、蓝、紫7种色光混合形成的。这7种颜色重叠混合，就形成了白色。而我们在这个游戏中之所以看到的是灰白色，是因为我们用的各种颜料的颜色不纯的缘故。

蹦蹦跳跳的米粒

米粒很“淘气”，总是不肯乖乖待在盘子里，而要蹦蹦跳跳地跑出来，这是怎么回事呢？来和淘气的米粒玩个游戏吧。

准备材料

1.一个小盘子

2.一些干燥的米粒

3.一把塑料小汤勺、一件毛衣

游戏步骤

1 把米粒装在小盘子里。

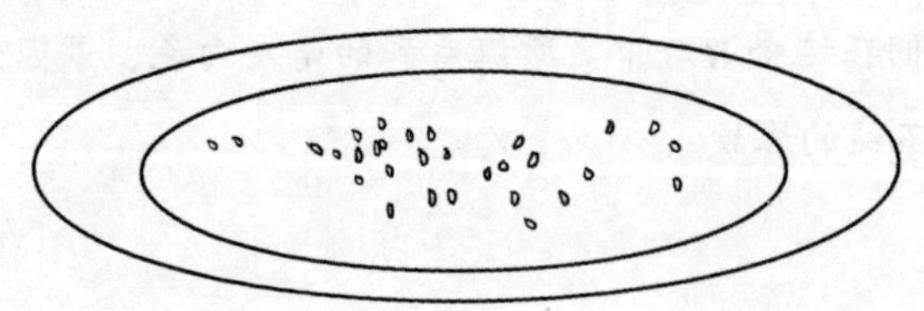

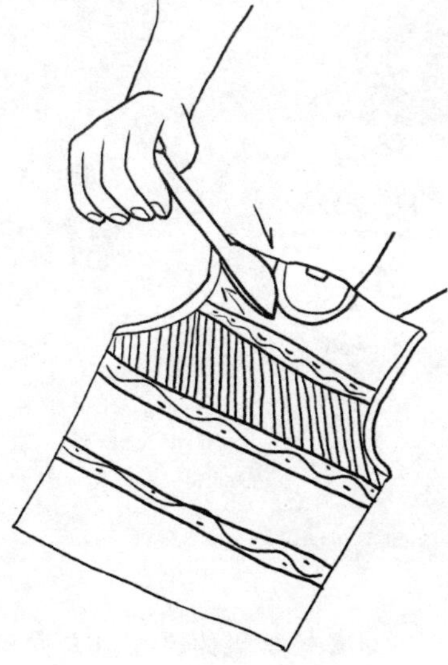

2 把塑料小汤勺在毛衣上摩擦一会儿。

3 用摩擦过的小汤勺靠近盛有小米粒的盘子。

发生了什么？

你会发现，小米粒先是自己跳起来，贴上汤勺，很快又四处跳开。

游戏中的科学

塑料小汤勺和毛衣摩擦之后带上了静电，静电吸附不带电的米粒。而当小米粒吸附在小汤勺上以后，米粒就会带有和汤勺同性的电荷。同性的电荷互相排斥，小米粒不但与汤勺互相排斥，而且与其他小米粒也会互相排斥，所以会四处散开。

魔法尺子

烟雾轻飘飘的，而且总是随风到处飘，你能把它吸引过来吗？很简单，一根魔法尺子就可以了。

准备材料

1.一根线香

2.一盒火柴、一把塑料直尺

3.一块尼龙布

游戏步骤

1 用火柴点燃线香。

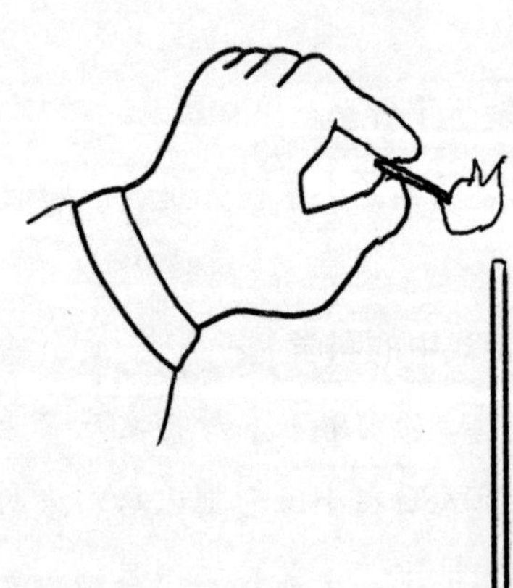

2 在尼龙布上来回摩擦直尺。

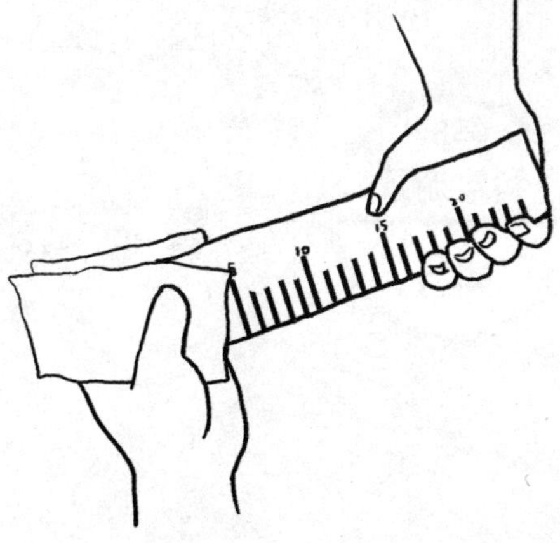

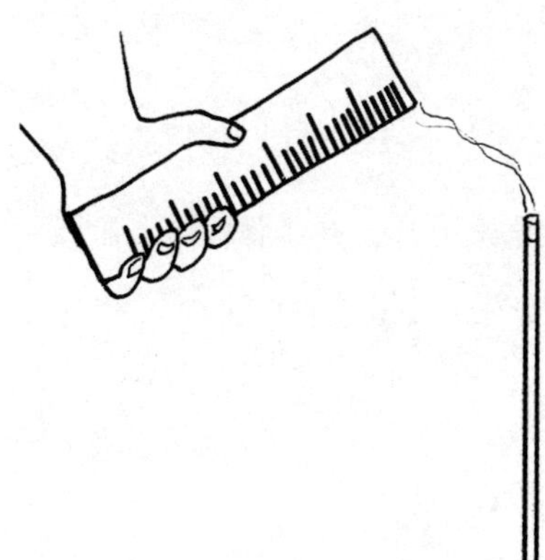

3 拿着摩擦过的直尺靠近线香的烟。

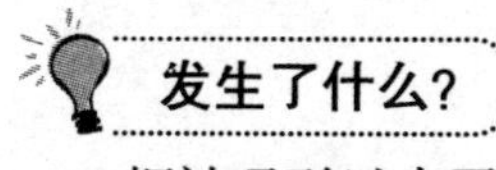

发生了什么?

烟被吸引过来了。

游戏中的科学

直尺被尼龙布摩擦以后就带上了静电，成为了带电体，从而能够吸引任何轻小物体。当烟靠近直尺时，烟分子就会聚集在直尺上，看上去就好像烟分子被直尺吸引过去一样。

看不见的电流

电流是看不到的，但是有些物体能够让电流通过，有些物体却会阻挡住电流，其中有什么不同呢？下面这个游戏会告诉你答案。

准备材料

1.一节电池、3根电线

2.一个带灯座的小灯泡

3.两个弹簧夹胶带

4.铁勺子、塑料勺子各一把

游戏步骤

1 用胶条把两根电线的一头分别粘在电池的两端，把其中一根电线的另一头接到灯泡上，另一根电线的另一头用弹簧夹夹住。

2 把第三根电线的一头接到灯泡上，另一头用弹簧夹夹住。

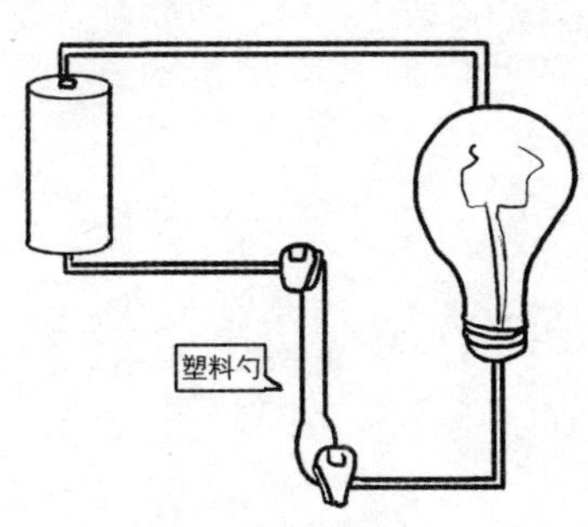

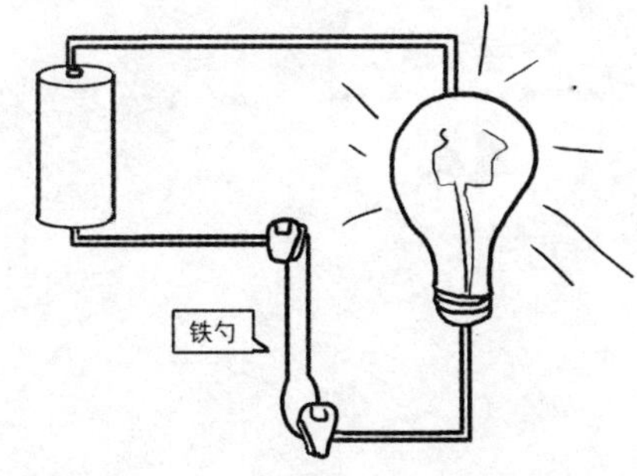

发生了什么?

把塑料勺子放到两个弹簧夹之间，用弹簧夹夹住，你会发现灯泡不亮；把铁勺子放到两个弹簧夹之间，用弹簧夹夹住，你会发现灯泡亮了。

游戏中的科学

我们用电线、灯泡、电池和弹簧夹做成的是一个简单的电路，电路中间留了一个开口，可以用于检测物体是否允许电流通过。因为铁勺子是导体，允许电流通过，所以，灯泡会亮。而塑料勺子是绝缘体，阻止电流通过，所以，灯泡不会亮。

简易指南针

在到一个陌生的地方玩的时候，我们容易迷失方向。要是有个指南针该多好啊！你会制作简易的指南针吗？春游的时候用得上哦。

准备材料

1.一根针、一张蜡纸

2.一把剪刀、一块磁铁

3.一个装水的盆

游戏步骤

1 用针尖在磁铁上按照同一方向摩擦30次左右。

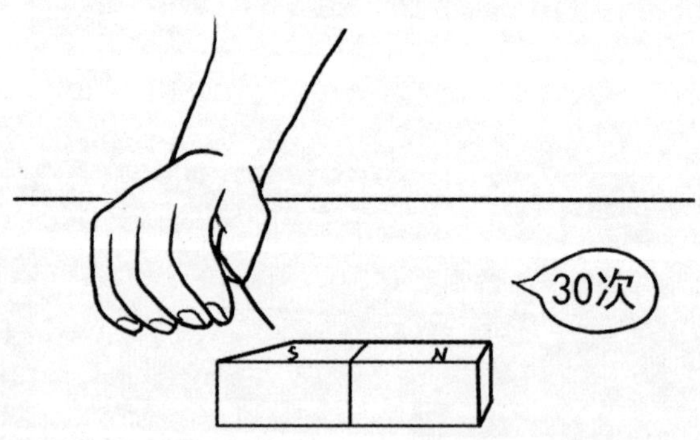

2 用剪刀从蜡纸上剪下一块直径约3厘米的圆形纸片，把针从纸片的一侧插进去，从另一侧穿出来。

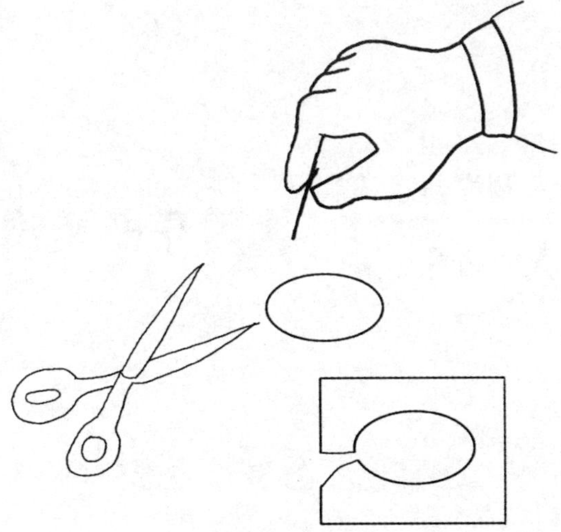

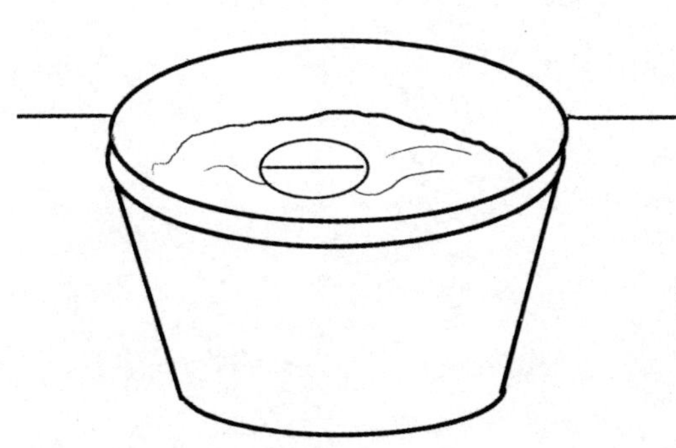

3 把插有针的蜡纸放到装水的盆子里，轻轻转动纸片，改变针的方向。

发生了什么？

你会发现，针停止移动的时候总是会指向同样的方向。

游戏中的科学

经磁铁摩擦过的针会产生磁性，从而出现和磁铁完全相同的特性。地球也是个大磁铁，它的磁极在南北极附近，因此通过磁性相吸的原理，有了磁性的针就能够指示南北了。拨动纸片，改变针的方向以后，受磁力吸引，针总会停在向南（或北）的方向上。

大可乐瓶里出现了龙卷风

大家都知道，当垂直倾倒大可乐瓶时，水只会一点点慢慢地流出来。可是你是否知道更快地倒出水的方法呢？其实只要在瓶内制造出旋涡，水就会在一瞬间全部流出来。不信你试试看吧！

准备材料

两升左右的大可乐瓶、水

游戏步骤

1 把两升左右的大可乐瓶装满水。

2 先把瓶子直接垂直往下倒。这时要倒光全部的水，至少需要30秒。

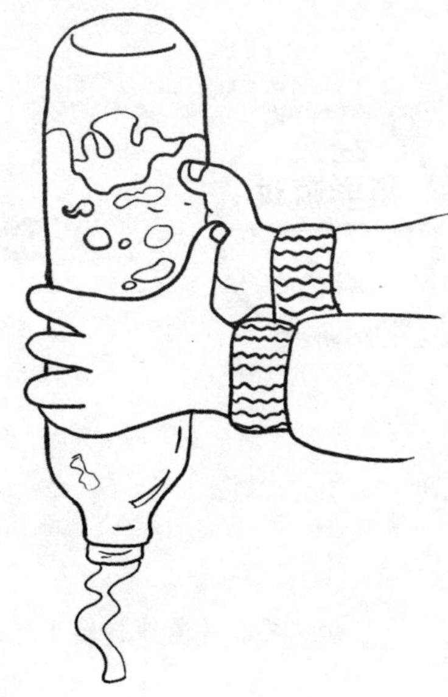

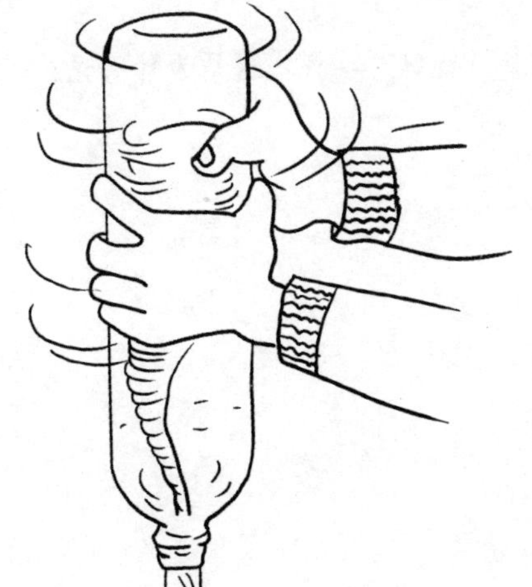

3 把大可乐瓶再注满水，这次往下倒时立刻转动大可乐瓶，让瓶内的水产生旋涡，水就一下子全倒出来了。

游戏中的科学

如果你仔细观察瓶内强劲的水柱，就会发现水柱的中心形成了一个空洞，瓶外的空气就由这个洞进入瓶内，并到达水面上方。在这些空气的挤压下，水就会很快地流出来，看起来就好像瓶子里在刮龙卷风一样。

“跳舞”的纸币

看，纸币慢慢地旋转了起来，就像是“跳舞”一样？这是为什么呢？

准备材料

1.一根针、一张新纸币

2.一个夹子、一块强力磁铁

游戏步骤

1 用夹子夹住针，然后把夹子放在桌子上，使针与地面保持垂直。

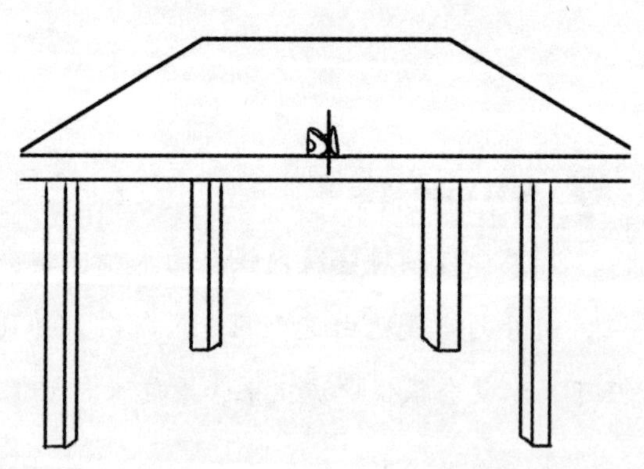

2 把纸币对折一下，然后把它放在针上，使其折痕的中点位于针尖上。

3 把磁铁接近纸币。

发生了什么？

你会看到，纸币会被吸引而慢慢旋转。

游戏中的科学

纸币上的墨水里面一般都含有微量的铁，即使量不多，也还是会被磁铁吸引。不过要注意，纸币一定要是新的，因为用旧了的纸币。墨水会被磨损，铁的含量就更加少了，磁铁不容易被捕捉到，因而就无法把它吸住。

滴水不漏

用铅笔尖在装水的塑料袋上戳一个洞，只要不取下铅笔，袋里的水就不会流出来！很简单的游戏，可是很神奇哦！

准备材料

1.一个透明塑料袋

2.一支铅笔

3.一个长方形托盘、水

游戏步骤

1 把水倒入透明塑料袋里，用手捏紧袋口，把长方形托盘放在塑料袋的正下方。

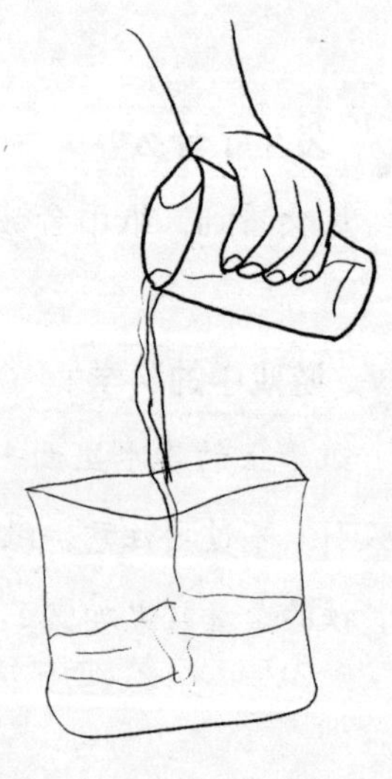

2 手拿铅笔，把尖锐的笔尖快速刺进袋子。让铅笔停留在袋子上，你会发现袋子滴水不漏。

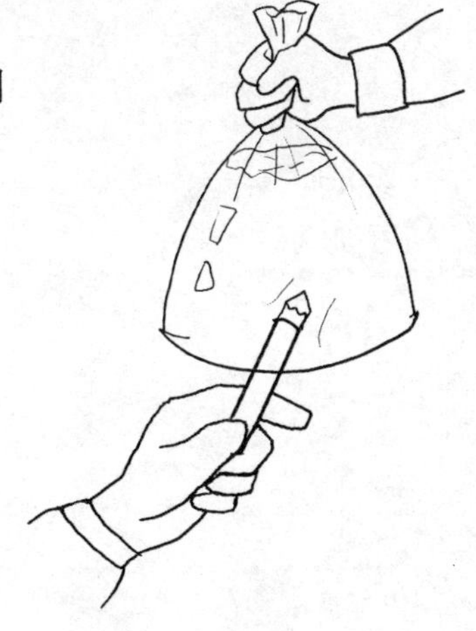

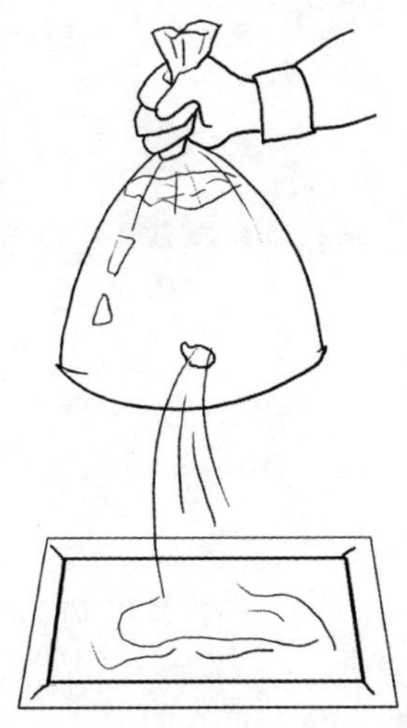

3 取下铅笔，你会发现，水会从铅笔穿过的洞里流出来。

游戏中的科学

塑料袋是由聚乙烯这种聚合物制成的。聚合物具有伸缩性。当铅笔刺入塑料袋时，聚乙烯分子虽然会移开，但是它的伸缩性使这些分子依旧紧紧围在铅笔的四周。只要铅笔留在塑料袋上不动，塑料袋就不会漏水。可是一旦取下铅笔，水就会从铅笔穿过的洞里流出来。

会“跳舞”的硬币

硬币自己竟然可以在瓶子上翩翩起舞！究竟是什么神奇的力量让硬币跳起来的呢？让我们通过这个游戏来找答案吧。

准备材料

1.一只装有半瓶可乐的可乐瓶

2.一枚硬币、一勺食盐

游戏步骤

1 往半瓶可乐的瓶中加入半勺盐。

2 把硬币打湿，放在可乐瓶的瓶口上。

发生了什么？

你会看到硬币在瓶口跳上跳下，就像在独自起舞。

游戏中的科学

可乐中含有大量碳酸，食盐溶解在碳酸里，会使可乐产生大量的二氧化碳气体，而硬币在瓶口阻挡了二氧化碳气体的逸出。瓶内的气体越积越多，压力也会越来越大，当压力大到超过硬币的重力时，硬币就被推开倾斜了，放出一点二氧化碳气体之后，硬币又会因为自己的重力而落下。

懒惰的肥皂水

你注意过洗衣机里晶莹剔透的肥皂泡泡吗？不过，有一种肥皂水，十分懒惰，竟然不起泡泡！想不想见识一下这样的肥皂水呢？

准备材料

1.一杯肥皂水

2.一根吸管

3.一小瓶醋

游戏步骤

1 把吸管插在肥皂水中吹，肥皂水会起泡泡。

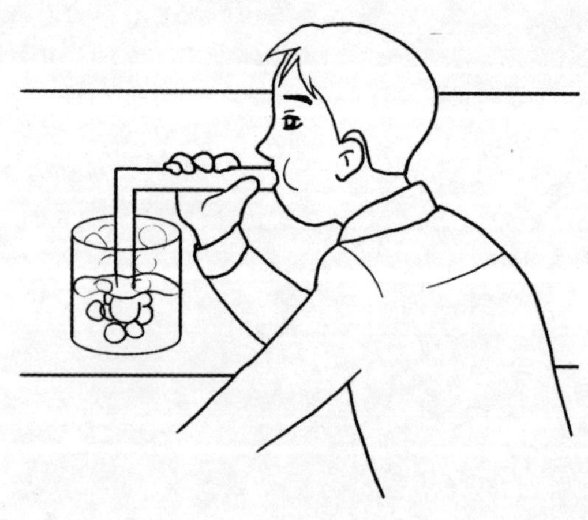

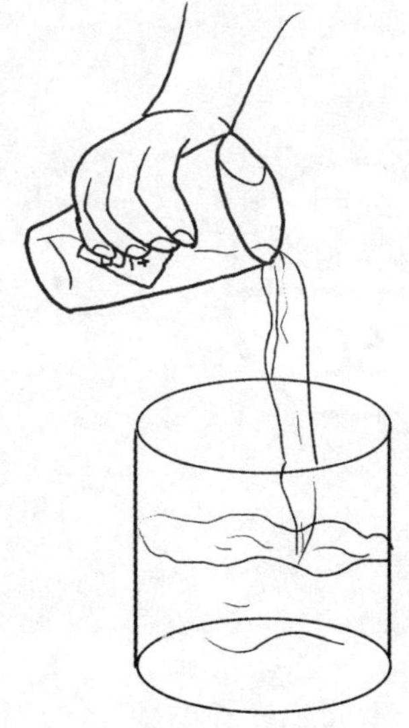

2 把瓶子里的醋往肥皂水中滴几滴。

3 用吸管搅拌均匀，再次把吸管插到肥皂水中吹。

发生了什么？

无论怎么吹，肥皂水都不起泡泡了。

游戏中的科学

肥皂水因为含有高级脂肪酸等物质，比普通水具有更大的表面张力，所以能够形成泡沫。当在肥皂水里加醋之后，肥皂水中的高级脂肪酸因和醋发生化学反应而被分解，所以就不能再吹出泡泡了。

骨头打结

一根坚硬的骨头也会变软，甚至能够被打成结，有点不可思议吧？你想不想亲自动手试一试呢？

准备材料

1.一只杯子

2.一些鸡骨头

3.一把勺子、一瓶醋

游戏步骤

1 往杯子里倒入醋，然后将鸡骨头放进杯子里，让骨头在醋里浸泡两天。

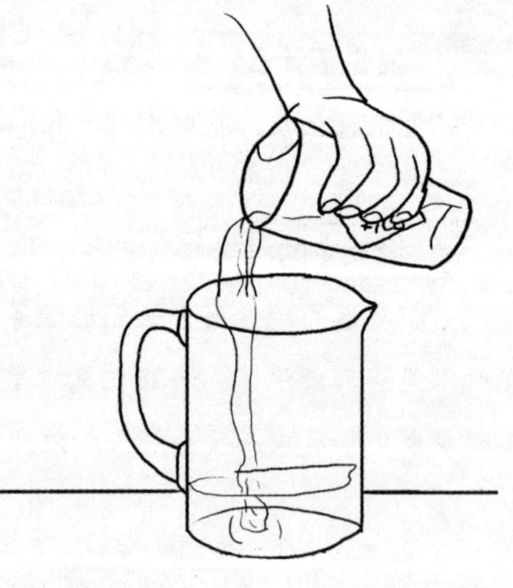

2 两天后捞出骨头，用勺子敲一敲泡过的骨头。

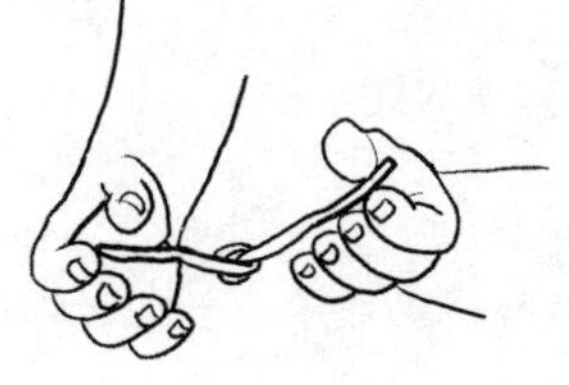

3 然后，用双手把骨头往下弯。

发生了什么？

你会发现，原本坚硬的骨头变得很柔软，可以轻松地被弯曲、打结。

游戏中的科学

骨头中的含钙化合物被牢牢固定在骨头中的蛋白纤维里，使骨头显得十分坚硬。而当醋和含钙化合物混合时，就会发生化学反应，醋将骨头中的含钙化合物溶解，骨头中就剩下一些柔韧的成分，因而变得十分柔软。

漂白红茶

红茶变成了无色的茶水，和白开水的颜色一样。茶水的颜色究竟到哪里去了呢？做这个游戏，变一个颜色戏法吧。

准备材料

1.一杯红茶、一个柠檬

2.一台榨汁机、一只玻璃杯

游戏步骤

1 把柠檬放入榨汁机，榨出半杯柠檬汁，放到玻璃杯里。

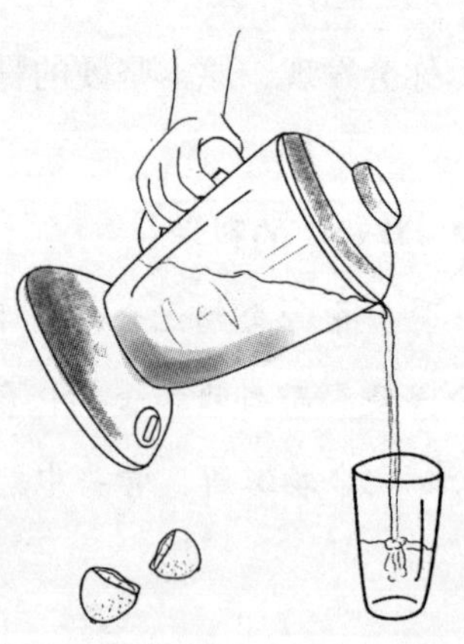

2 把柠檬汁倒入红茶水中。

发生了什么?

你会发现，红茶渐渐退色，变成了无色的茶水。

游戏中的科学

红茶中含有色素，色素让红茶显现出颜色。把柠檬汁倒进红茶，红茶中的色素会和柠檬汁中的柠檬酸发生化学反应，生成无色的可溶性物质。所以，红茶中的颜色就看不到了，变成了无色的茶水。

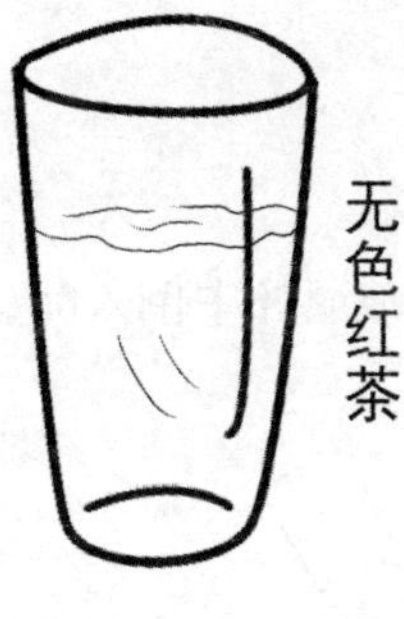

冒泡的鸡蛋

鸡蛋就像金鱼一样，不断吐出泡泡来。你见过这样的奇观吗？知道这种神奇的泡泡是从哪里来的吗？

准备材料

1.一个鸡蛋、一小瓶醋

2.一只透明玻璃杯

游戏步骤

1 往透明玻璃杯中倒入醋，并把鸡蛋放进去。

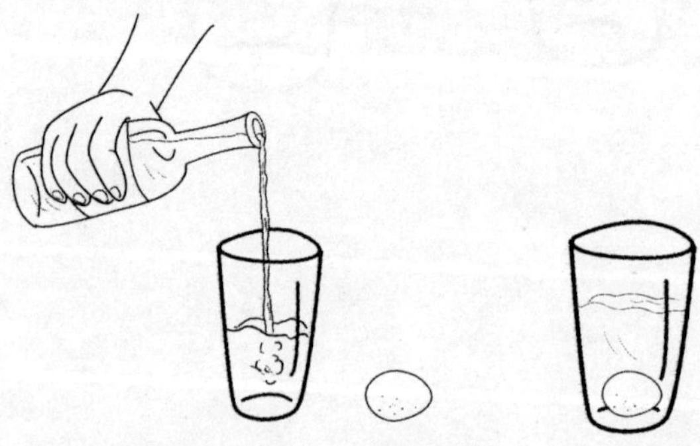

2 鸡蛋进入玻璃杯后，会很快沉入杯底。

发生了什么？

过一会儿，再次观察杯子里的鸡蛋，你会发现，鸡蛋不断旋转着上升，并且不停地冒泡。

游戏中的科学

鸡蛋的密度比醋大，所以一开始鸡蛋会沉在杯底。过一段时间后，蛋壳中的碳酸钙和醋发生化学反应，释放出二氧化碳气体，蛋壳周围便冒出了泡泡。这些泡泡不断破裂，使鸡蛋缓缓地旋转起来。同时，化学反应使得鸡蛋的密度小于醋的密度，所以鸡蛋会浮起来。

铁钉变戏法

轻轻松松，我们就能够把铁钉变成“银钉”。有点难以置信吧？动手做做，你就明白其中的奥妙了。

准备材料

1.一支蜡烛、一根铁钉

2.一只装水的玻璃杯

3.一把钳子、一盒火柴

游戏步骤

1 用火柴把蜡烛点燃，用钳子夹住铁钉在蜡烛上加热。

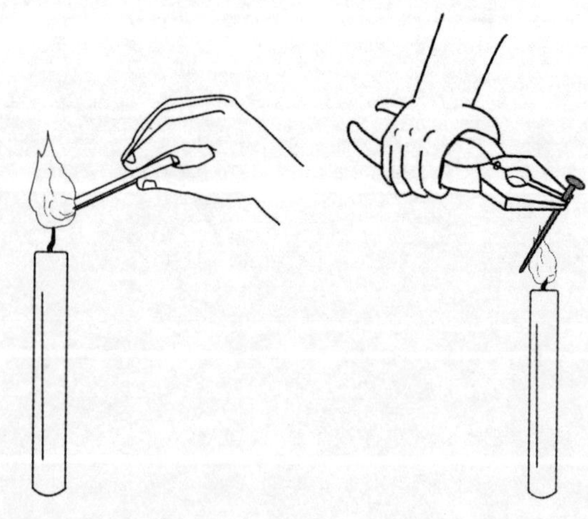

2 让钉子在蜡烛火焰上停留一会儿，直到钉子周围的火焰开始冒烟，并产生灰。等钉子成了漆黑色时，把它泡到装水的杯子里。

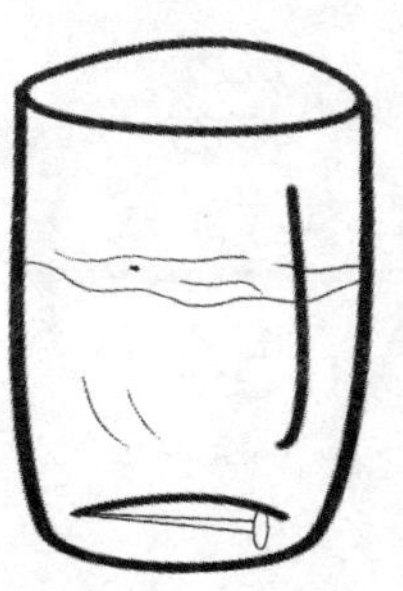

发生了什么?

几分钟后，杯子里的钉子具有了银色的光辉。

游戏中的科学

蜡烛燃烧时，有一部分蜡油没有完全燃烧，变成碳蒸汽向上升起。碳蒸汽就是我们看到的灰。当碳蒸气遇到铁钉时，就会附着在铁钉表面。这时，把铁钉放到水里，灰就会吸附水中的空气形成空气薄膜，看上去就像是铁钉变成了银钉一样。

来去自如的文字

白纸上的文字居然想来就来、想去就去，这是怎么回事呢？真的有魔法吗？赶快动手玩一玩吧。

准备材料

1.面粉、水

2.一个盘子、一根棉签、一瓶碘酒

3.一张纸、一把勺子、一杯柠檬汁

游戏步骤

1 将面粉和水放在盘子里，用勺子搅成糊。

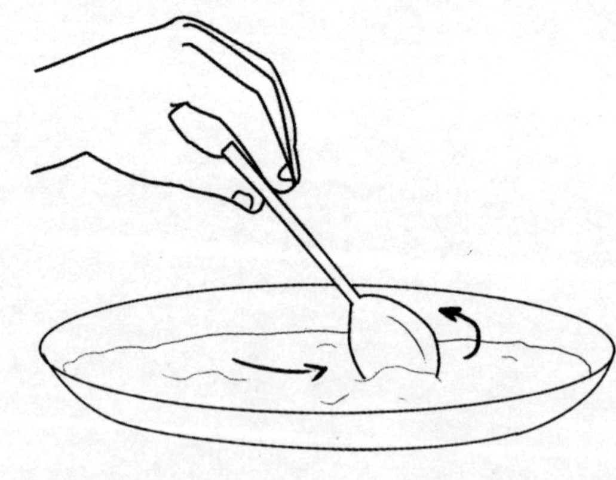

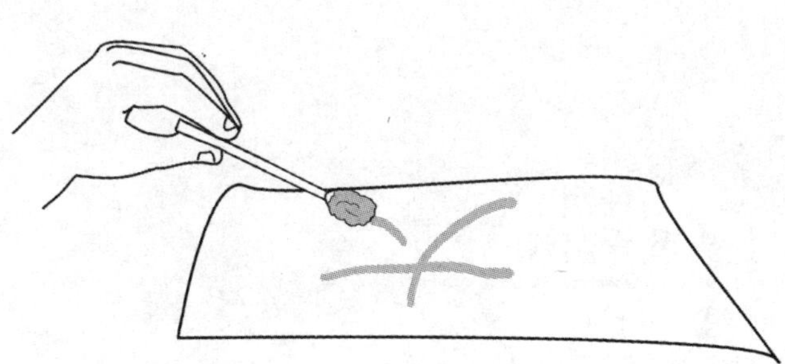

2 用棉签蘸一点面糊，在纸上写几个字，晾干以后，字就不见了。

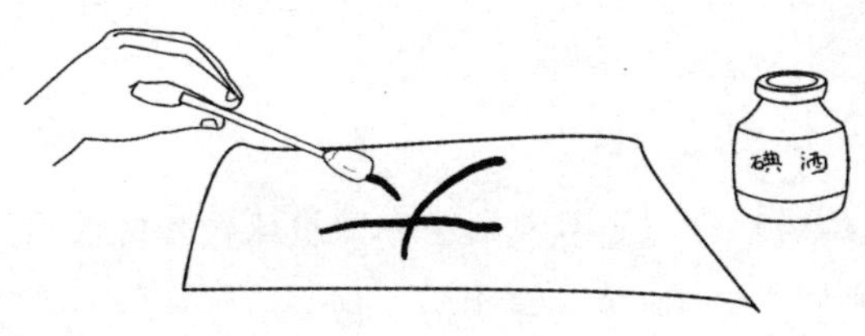

3 用棉签蘸上碘酒，擦拭刚才写字的地方，字迹会再次出现。

4 把柠檬汁擦在字上，过一会儿，字迹又不见了。

发生了什么?

蘸上不同的液体，字迹就忽隐忽现了。

游戏中的科学

碘溶液中的碘离子和面粉中的淀粉发生反应，析出深色的碘，所以在用面糊写字的地方会出现深色的字。而柠檬汁中含有维生素C，维生素C与碘也会发生反应，生成一种无色的物质，所以，擦上柠檬汁的字又看不到了。

模拟宇宙

你知道宇宙是怎么形成的吗？你想了解我们生存的地球之外的世界吗？做下面这个游戏，你就能够了解一些有关宇宙的奥秘。

准备材料

1.一只气球

2.一支记号笔

3.一面镜子

游戏步骤

1 把气球吹到大约苹果般大小。

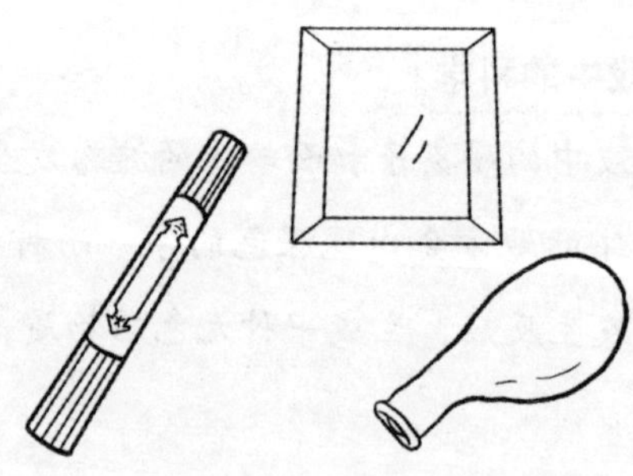

2 用记号笔在气球上点上20多个小蓝点。

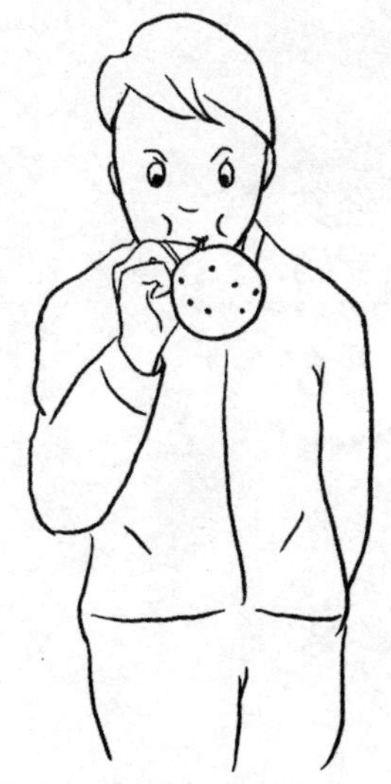

3 对着镜子把气球吹大。

发生了什么？

你会发现，气球上的点在不断变大，点的间距也在加大。

游戏中的科学

宇宙起源于一次巨大的爆炸。最初的宇宙就像是没有吹起的气球一样，但是由于宇宙在不断膨胀，最后爆炸开，宇宙里物质也就四散开来，有的聚合在一起形成了形形色色的星体。宇宙里的星系就像是气球上的蓝点一样，因为宇宙的膨胀而距离越来越远。

“长尾巴”的彗星

彗星被称为“扫帚星”是因为它拖着一条长长的“尾巴”，你知道这个“尾巴”是怎么形成的吗？来玩这个游戏吧，你就能找到答案。

准备材料

1.一个乒乓球、一支筷子

2.3束毛线、胶带

3.一把小刀、一台电扇

游戏步骤

1 用小刀在乒乓球上割一个小洞，把筷子插到洞里，用胶条粘牢固。

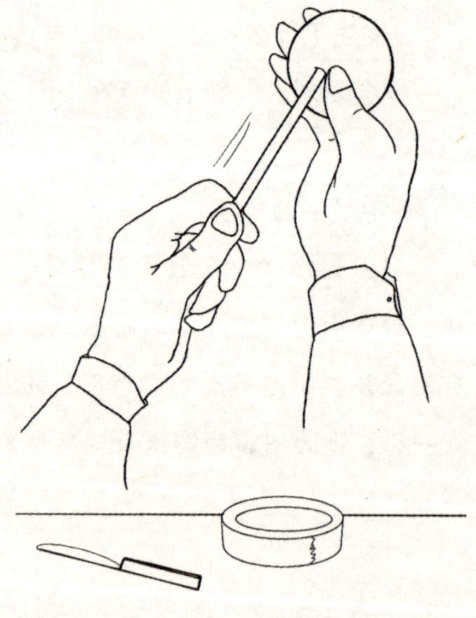

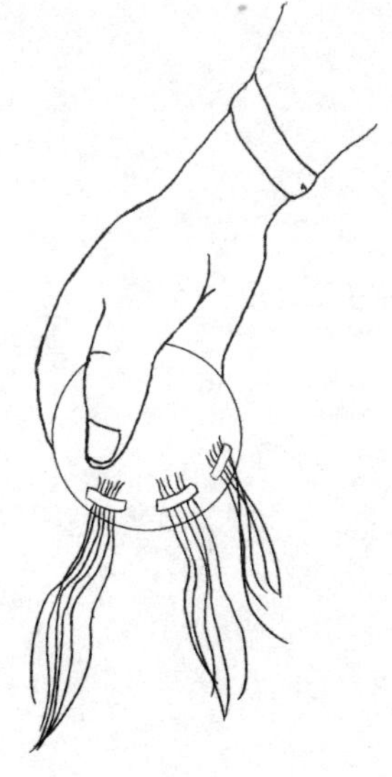

2 把3束毛线用胶条粘在乒乓球上。

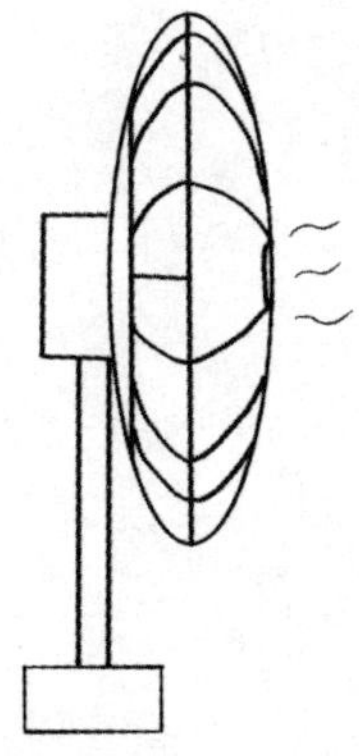

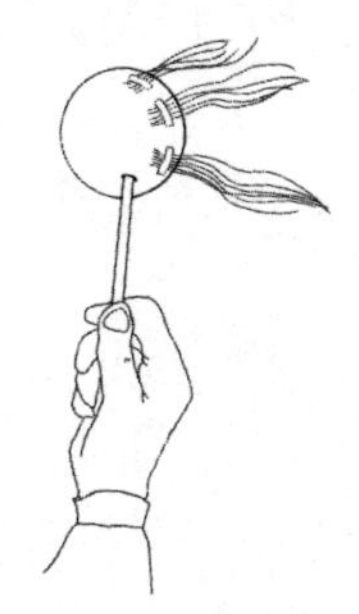

3 打开电扇，举着筷子，把加工好的乒乓球放在电扇前。

发生了什么?

你就可以发现毛线飘了起来。

游戏中的科学

风把毛线吹了起来，乒乓球就拖出了“长尾巴”。彗星“尾巴”的形成也是同样的原理。太阳会向宇宙空间吹出强烈的太阳风。彗星在绕太阳飞行时，自身散发出的气体就会被太阳风吹离太阳，朝着远离太阳的方向延伸，于是，彗星身后就拖出了一条“长尾巴”。

黑洞的秘密

黑洞，这可是一个神秘的天体，想知道黑洞是怎么产生的吗？那就跟我来吧！

准备材料

1.两只气球

2.两个矿泉水瓶

3.一把剪刀、一台冰箱

游戏步骤

1 剪断矿泉水瓶，选用有底的部分，将两只气球分别放进两个瓶子里，把气球口留在外面。往气球里面吹气，气足后扎好气球口，使气球刚好卡在瓶里。

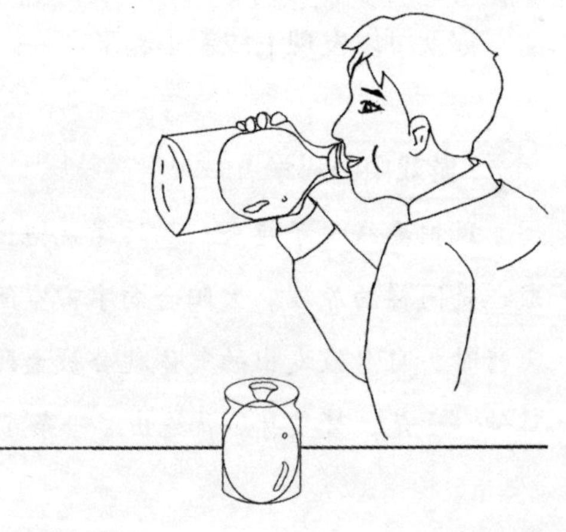

2 将其中一个瓶子放在冰箱里。

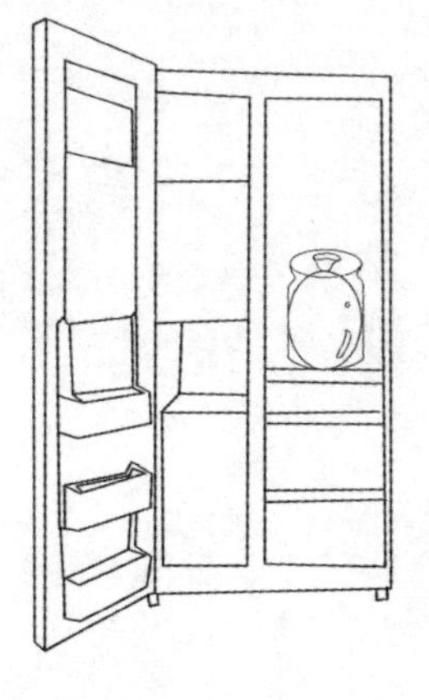

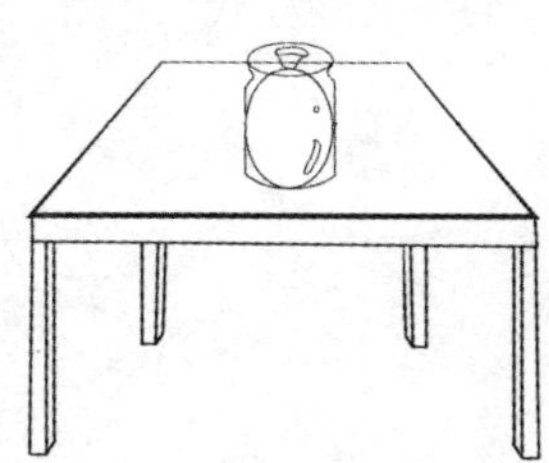

3 30分钟以后，从冰箱里拿出瓶子。

发生了什么？

你会发现放进冰箱里的气球收缩落进了瓶子，而没有放进冰箱的气球却没有发生变化。

游戏中的科学

气球放在冰箱中，气球内的空气因受冷收缩，致使气球变小。黑洞的原理与上述情况相似。通常，星星因所受的力平衡而保持一定状态，如果力的平衡状态被打破，星星在重力的作用下就会迅速收缩。如果星星质量巨大，那么拉引力也非常强，最后就变成了一个黑洞。

满眼“星光”

星星在天上，天晴时可见，天阴时就藏起来了。我们何不自己制造随时都能看到的“星光”呢？

准备材料

1.一个薯片筒、一根钉子

2.一只手电筒、一支铅笔

3.一把剪刀

游戏步骤

1 用钉子在薯片筒的一端戳几个“星星”孔。

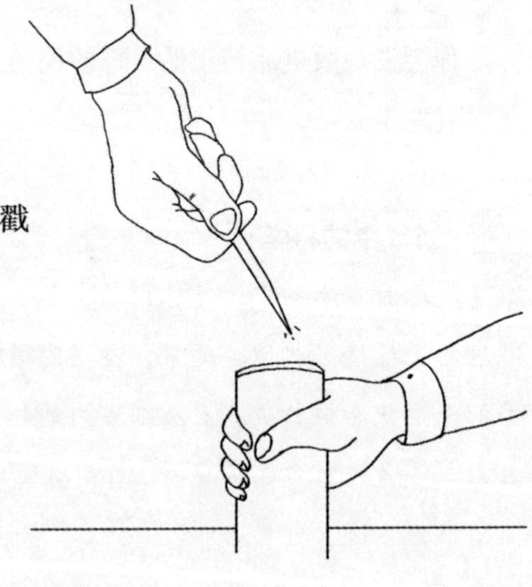

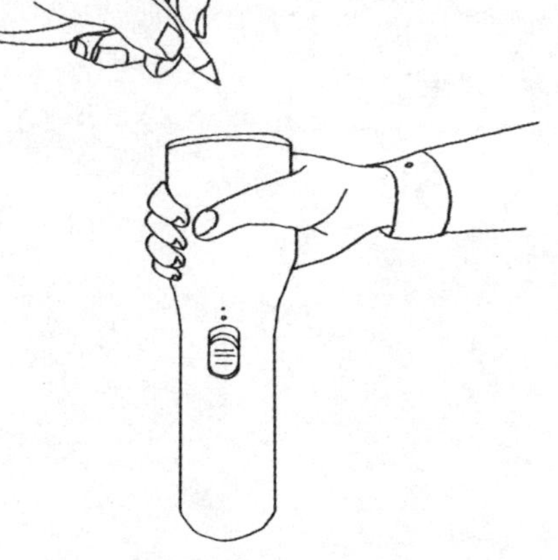

2 把手电筒头部压在薯片筒另一端的中央，用铅笔沿着手电筒头部画个圆圈，并用剪刀把圆圈剪下来。

3 将手电筒塞进薯片筒剪开的洞里，到黑暗的房间里，对着天花板打开手电筒。

发生了什么？

你会在天花板上看到一群小“星星”。转动薯片筒，你还会看见小“星星”在移动。

游戏中的科学

在游戏中，我们能够看到天花板上的“星星”，移动薯片筒还会看到“星星”在移动。实际上，天上的星星与游戏中的“星星”是相似的，在不断地移动。如果细心观察你会发现，同一颗星星在夜晚的不同时间，它的位置是不同的。

自制简易太阳钟

利用太阳，我们就能够知道时间了，这是不是很神奇呢？如果你也希望把太阳当成自己的时钟，那么，就来学做一个太阳钟吧。

准备材料

1.一块硬纸板、一根小木棍

2.一个圆规、一支铅笔

游戏步骤

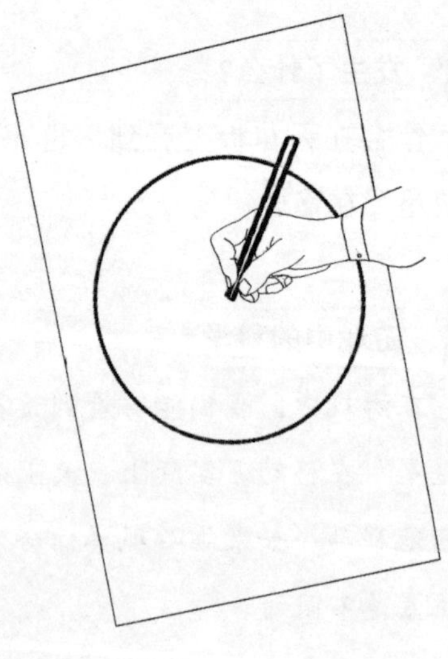

1 用圆规在硬纸板上画一个直径20厘米的圆。在圆心处戳个小木棍固定在那个洞里。

2 选一个阳光充足的日子，把做好的东西放在院子里，固定好。

3 整点的时候，沿小木棍在硬纸板上的投影划线。并在线旁注明时刻。硬纸板上就会被划上一组线。

4 不要移动你的太阳钟，在晴天的时候，就可以用你的太阳钟计时了。

发生了什么？

你可以根据木棍的投影，说出准确的时间。

游戏中的科学

太阳钟是利用小木棍背着阳光的投影做成的。在太阳钟上，小木棍的投影随着太阳的移动而变化。过去一段时间，投影就改变一次。实际上，太阳并没有移动，而是地球围绕着太阳在不停地转动，所以，我们才能够看到太阳每天东升西落。

椭圆的地球

我们生活的地球并不是一个圆圆的球，而是东西长、南北短的椭圆球。你知道这是为什么吗？

准备材料

1.一张白纸、一把剪刀

2.一把尺子、一瓶胶水

3.一支铅笔

游戏步骤

1 用剪刀把白纸剪出两条同样的长纸条，长20厘米，宽3厘米。

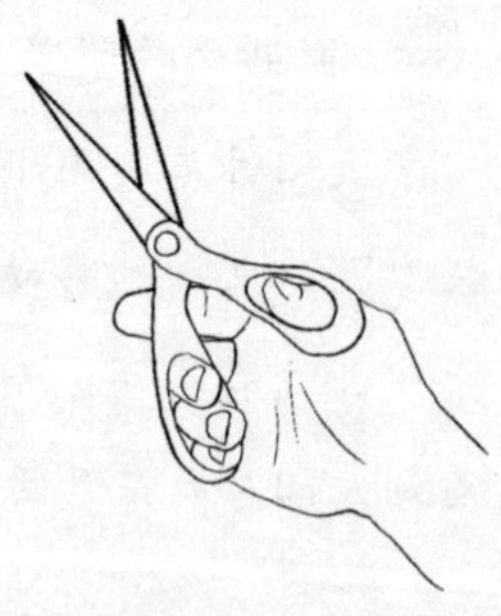

2 把两条纸条中心交叉成十字，用胶水粘在一起，接着把十字形的纸条四端也用胶水粘在一起，使纸条变成球形。

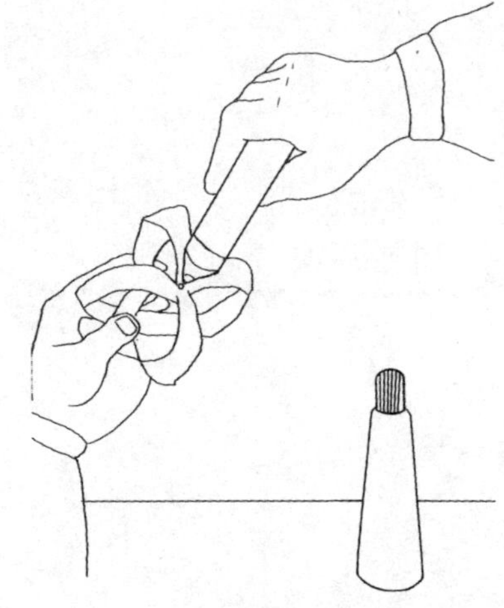

3 等胶水干后，用铅笔从球两端的中心穿过这个球。

4 双手快速地向同一个方向搓动铅笔，你会发现，纸球在旋转中变成了椭圆形。

游戏中的科学

地球的形状是因为地球的自转而形成的。所有旋转中的球体都会发生中部向外拉、两端往里缩的现象。地球在自转过程中，也是因为这个原因呈现出椭圆形。

钟摆

我们生活的地球是在不停地转动着的，如果不相信，你可以做钟摆这个游戏证明一下。

准备材料

1.一根细铁丝、一个塑料小球

2.一根细线胶带

3.一张长方形硬纸、一支黑笔

游戏步骤

1 把细铁丝插入小球中，用细线绑住细铁丝的末端，做成钟摆。

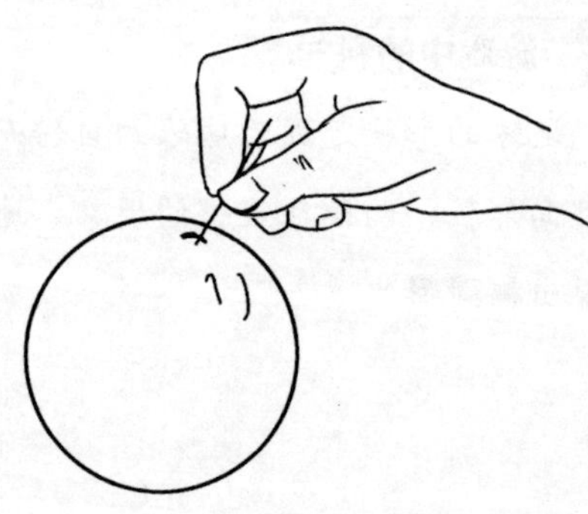

2 用胶带把钟摆粘在天花板上，让它摆动起来。

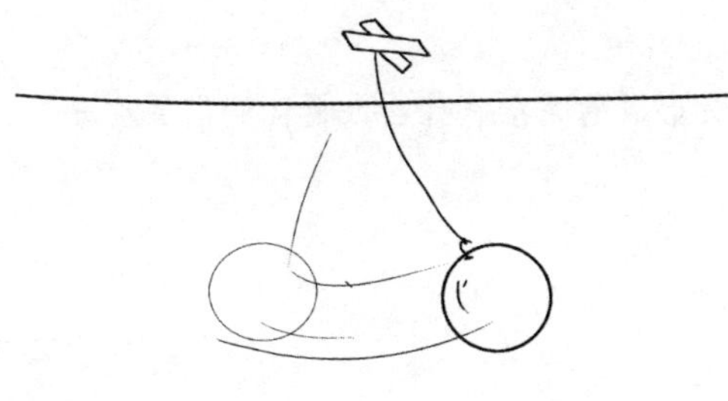

3 用黑笔在硬纸上画一条线，把它粘在小球正下方的地板上，让钟摆以纸上的线为中心来回摆动。

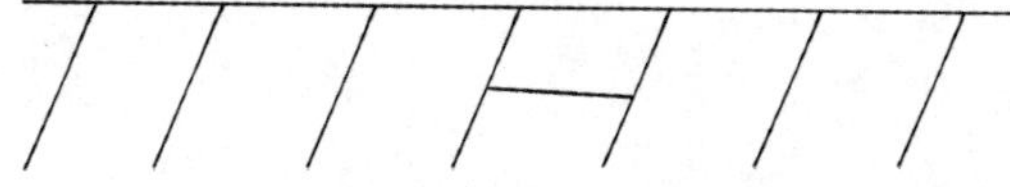

发生了什么？

两小时后，你会发现，钟摆虽然还在摆动，但是已经不再对着你用黑笔画的线了。

游戏中的科学

钟摆因为惯性会沿着相同的路线摆动。但是钟摆不再对着原来的黑笔线，是因为房间已经移动了。地球每时每刻都进行着自转和公转，地球上的物体也随之进行转动。尽管我们觉察不到，但房间确实随着地球的转动而在不断地移动。

自己做的地层

地壳一层一层的，它们都是怎么形成的呢？是什么力量让它们层次分明呢？我们现在就来模拟一下吧！

准备材料

1.石子、沙子、泥巴、水

2.一个带盖子的玻璃瓶

游戏步骤

1 往玻璃瓶中放入等量的沙子、石子和泥巴，倒入一些水，浸没过瓶内的泥沙。

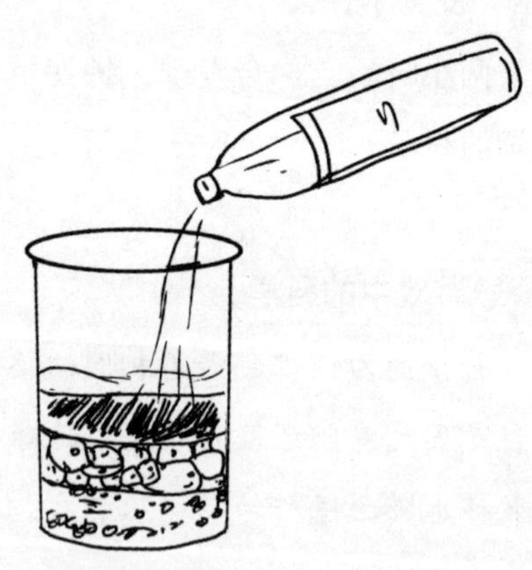

2 把玻璃瓶的盖子盖上拧紧，用力摇晃瓶子，再把瓶子静置在一边。

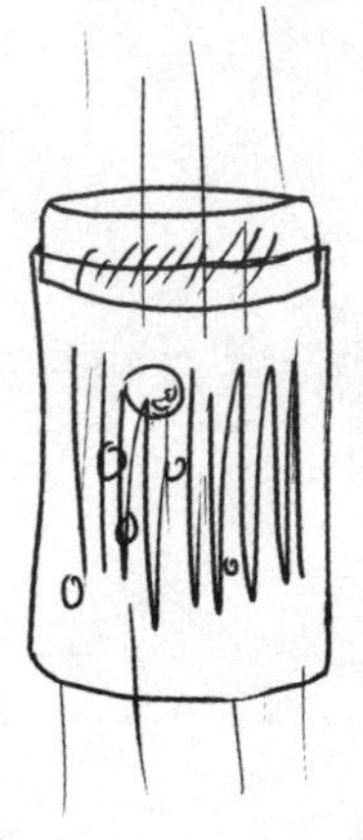

发生了什么？

过一段时间，你会发现，瓶底的沉淀物分成了几层，石子在最下面，中间是沙子，最上层是泥巴。

游戏中的科学

地层就是由不同的岩石沉积下来形成的。它包括岩浆冷却形成的岩浆岩，岩浆岩受风雨侵蚀形成的沉积岩。沉积岩是高压形成的变质岩。不同的岩石沉积在不同的层次，从而使地壳变成了一层一层的。

动画里的秘密

你喜欢看动画片吗？你不知道动画片里还有一个关于我们眼睛的秘密吧！那么，让游戏来告诉你答案吧！

准备材料

1.几支彩笔

2.一个订书机

3.12张白纸

游戏步骤

1 先在一张白纸上用彩笔画出背景图，有绿色的草地和蓝天白云。再把这个背景描到另外11张纸上，每张图的边缘留出一些空白。

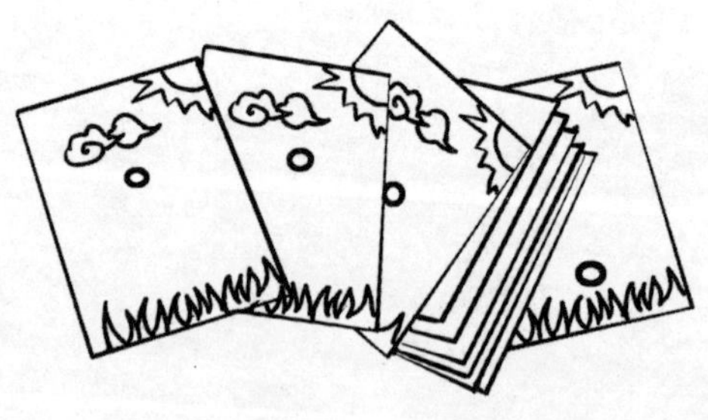

2 在画好背景图的纸上依次画出一个球落地和弹起的样子。第一张画一个高一点的球，第二张的球略低一些，依此类推。

3 按顺序把画好的所有图片钉在一起。抓住钉好的纸的边缘，快速翻动图片。

发生了什么？

你就会看到球落下又跳起来的样子。

游戏中的科学

这个游戏利用了视觉的暂留现象。影像会在我们的眼睛里停留很短的一段时间。但是，当影像以很快的速度显示时，我们的眼睛就难以分辨出不同的影像，而是把所有的影像连成一片，从而产生物体移动的感觉。

停留在眼睛里的灯泡

明明是在黑暗的屋子里，我们却能够看到一盏点亮的灯，难道灯泡真的会停留在我们的眼睛里吗？

准备材料

一盏带有灯罩的吊灯

游戏步骤

1 把吊灯的灯罩取掉，只留下一个灯泡。

2 天黑以后，把灯打开，凝视灯泡大概10秒钟。

3 关掉灯，站到距离灯泡几米远的地方。

发生了什么?

你依然能够看到一个灯泡轮廓。

游戏中的科学

我们的眼睛会在看到一个目标的短暂时间内，产生视觉暂留。所以，在凝视点亮的灯泡10秒钟之后，尽管关掉了电灯，那个点亮的电灯影像仍然停留在我们的视觉里，我们依然能够看到灯泡亮着。

经典科学游戏 65

手心里的洞

赶快体验一下吧，你会发现你的手心里有一个洞！不可思议吗？其实这是有科学道理的。

准备材料

一张纸

游戏步骤

1 把纸卷成一个纸筒。

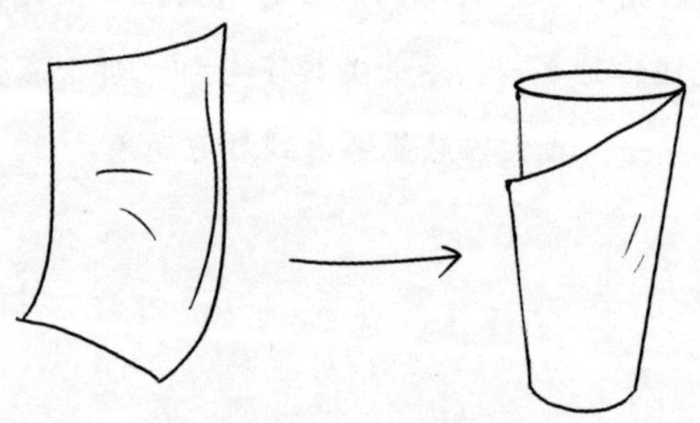

2 用右眼往纸筒里看过去，同时把左手掌心朝内举到纸筒边。

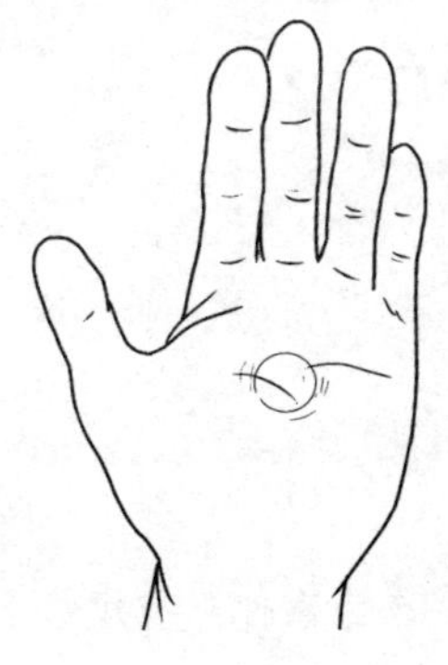

 **发生了什么？**

你会发现左手手心里有一个穿透左手的洞。

 **游戏中的科学**

我们的眼睛看到的影像实际上是大脑通过组合左眼和右眼看到的物体而形成的。我们的右眼只看到纸筒的里面，而左眼看到了一只手掌，大脑把纸筒的圆孔和手掌的影像合在一起，这样我们就会看到手心里有个洞了。

估测不出的距离

一个距离你只有短短十几厘米的地方，你却难以准确地接近，你相信吗？动手试一试，看看你的估测准确不准确。

准备材料

1.一张白纸

2.一支铅笔

游戏步骤

1 用铅笔在白纸上画一个点，把它放在你面前的桌子上。

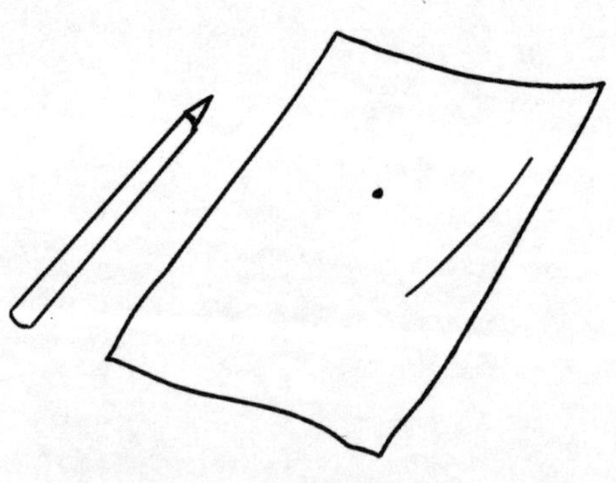

2 用一支铅笔垂直去碰那个点，很容易就办到了。

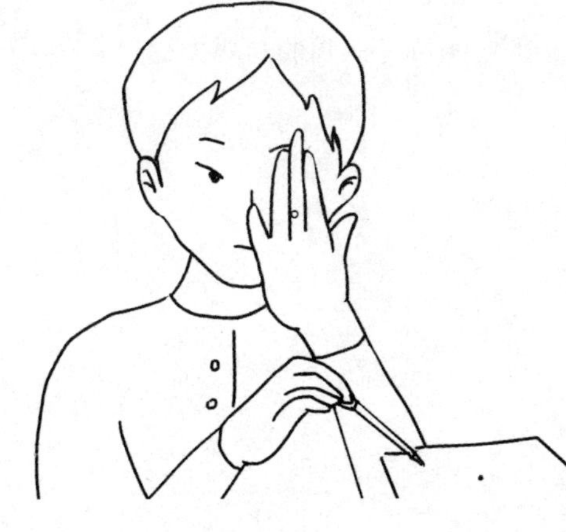

3 用左手捂住你的左眼，用右手拿铅笔垂直去碰那个点。

发生了什么？

你会发现你即使很努力，也很难再碰到它。

游戏中的科学

我们的两只眼睛通过从不同角度单独确定物体的位置，最终才能够确定空间的深度，看到立体的图像。如果只用一只眼睛观察，空间的深度就难以把握，自然也就没办法准确地垂直碰到那个点。

味同嚼蜡游戏

能让你连梨、苹果、洋葱的味道都分辨不清，你相信吗？这可是真的，赶快试试吧！

准备材料

1.一个梨、一个苹果、一个洋葱

2.一把水果刀

3.一块可以遮住眼睛的布

游戏步骤

1 用水果刀把梨、苹果、洋葱切成同样大的小片。

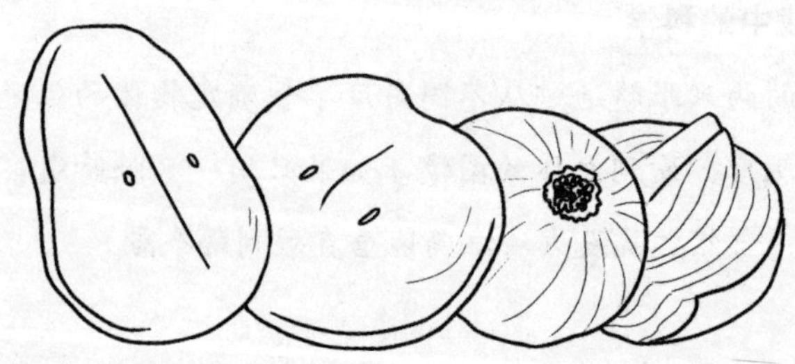

2 用布条蒙住眼睛，捏住鼻子，让朋友帮忙把你切出的食物放在你舌头的中心。不要嚼，试着用舌头分辨它们。

发生了什么?

你会发现，根本无法分辨出它们分别是什么。

游戏中的科学

我们平时所说的味道实际上是滋味、气味和食物口感的结合。在这个游戏中，我们的嗅觉和视觉都被抑制了，只有味觉正常。而我们舌头上分辨味道的味蕾在舌头中心位置分布较少，所以，我们对于食物的滋味就不敏感了，从而无法分辨它们是什么。

苦涩的橙汁

酸甜的橙汁马上就能变得又苦又涩，你知道这是怎样做到的吗？亲手试一试就知道了。

准备材料

1.一管牙膏、一支牙刷

2.一小杯橙汁水、一根吸管

游戏步骤

1 喝一小口橙汁，品一品味道，酸甜的。然后用水漱口。

2 用牙膏刷牙一分钟，再用水漱口，并品尝橙汁。

发生了什么？

你会发现，橙汁变得特别苦，而且还有点涩。

游戏中的科学

我们的舌头上布满了味蕾，它使我们能够分辨食物的味道。而牙膏里含有一种化学物质，它可以改变橙汁中的柠檬酸的味道，使橙汁出现苦味。刷牙后，牙膏里的这种物质残留在口中，与橙汁一接触，就使橙汁变得苦涩了。

冷还是热

同样的一盆温水，你的两只手却一个觉得热，一个觉得冷，这到底是怎么回事呢？感觉为什么不一样呢？

准备材料

1.一盆冰水

2.一盆热水（水温不至于烫手）

3.一盆自来水

游戏步骤

1 把右手浸泡在冰水中，左手泡在热水中。

2 两分钟后，取出双手同时浸泡在自来水中。

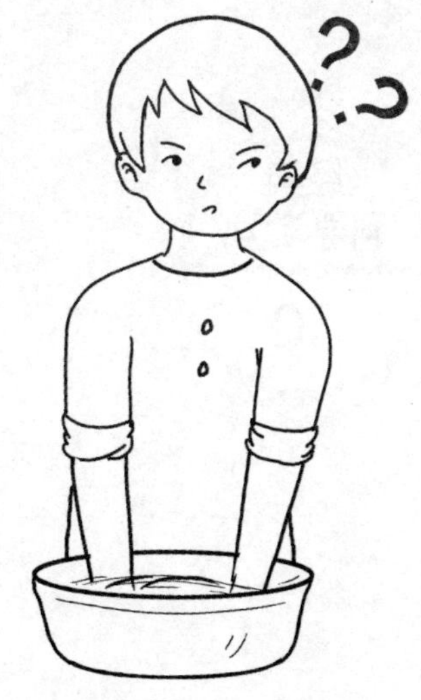

 **发生了什么？**

你会发现，尽管两只手在同一个盆里，但是你的右手感觉水很热，左手感觉水很凉。

 **游戏中的科学**

我们手部皮肤的神经感受器在感知温度时，有一个参照度。右手在冰水里浸泡一会儿后，会以冰水为参照，感觉自来水很热。而左手在热水里浸泡过之后，会以热水为参照，感觉自来水很凉。

“尝味”的手腕

我们用舌头来品尝酸、甜、苦、辣、咸等各种味道，但是你知道我们的手腕也能够“品尝”出味道吗？来试试吧。

准备材料

1.一瓶辣椒油

2.一盆水

游戏步骤

1 在手腕内侧涂上几滴辣椒油。

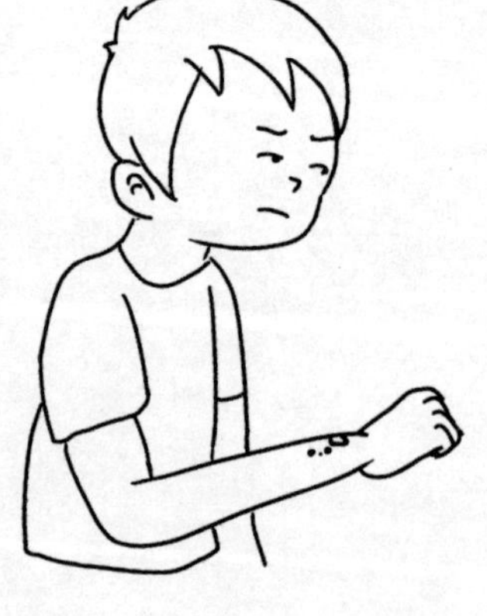

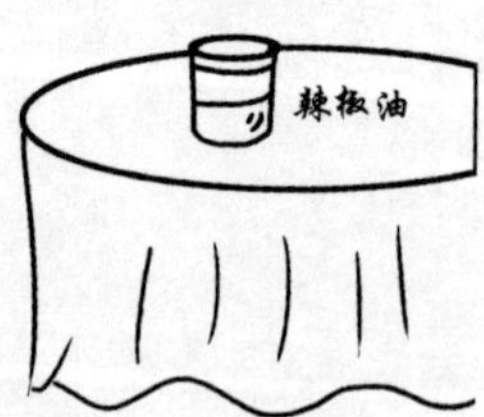

2 两分钟后，辣椒油干了。

3 你会觉得手腕内侧有一种火辣辣的灼热感。

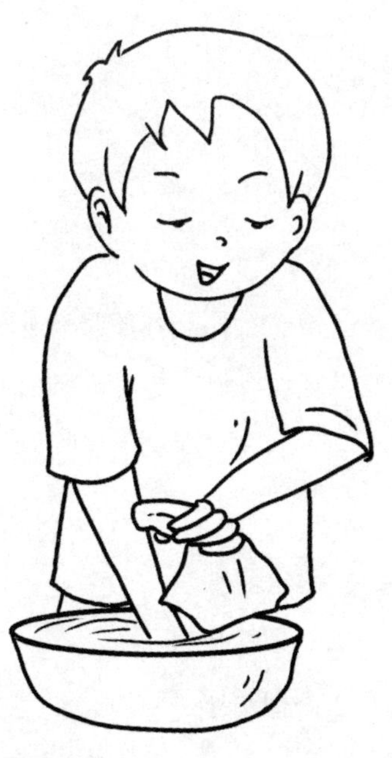

4 把手腕浸在水里，洗去手腕上的辣椒油，手腕上的灼热感会慢慢消失。

游戏中的科学

手腕上的皮肤分布着大量的感受器，因此很敏感。而辣椒油中含有丰富的能使神经感受到灼热信号的化学成分。当辣椒油对手腕的皮肤产生刺激时，皮肤会感受到灼热，并把这一信息传递给大脑。

会跳的小腿

我们的小腿在不用劲儿的时候也能够自己跳起来！是不是有点不相信呢？现在我们一起去研究一下奇妙的腿部吧。

准备材料

1.一把橡皮锤

2.一把椅子

游戏步骤

1 让你的朋友坐在椅子上，一条腿搭在另一条腿上。

2 用橡皮锤轻轻敲打朋友搭在上面的那条腿的膝盖下方。

发生了什么？

你会发现，朋友的小腿会突然弹起来。自己坐在椅子上，让朋友来重复上面的操作。你会发现，自己的小腿也有同样的反应。

游戏中的科学

在我们的身体里，并不是所有的刺激都由大脑做出回应。对于一些特定的刺激，我们的身体会做出固定的动作。膝盖下方有韧带，叩击这一部位时，腿部肌肉感受器接受刺激，并传到脊髓里的神经中枢。脊髓接到信息并进行处理，使大腿上的相应肌肉收缩，从而使小腿产生弹跳反应。这一现象叫做膝跳反射。

会走的铁丝

水果刀上的细铁丝不受控制，自己走个不停，它到底中了什么魔法呢？让我们来找真正的原因吧。

准备材料

1.一枚回形针

2.一把水果刀

游戏步骤

1 把回形针弄直，弯成“V”形。

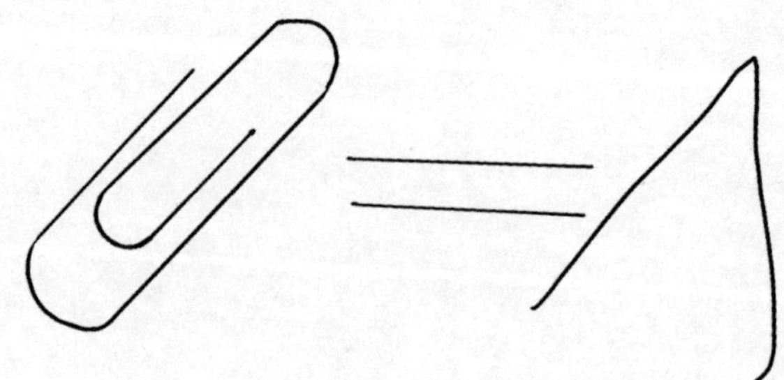

2 把“V”形的细铁丝放在水果刀的刀背上，把刀举到桌面上，让“V”形细铁丝的两脚接触桌面。

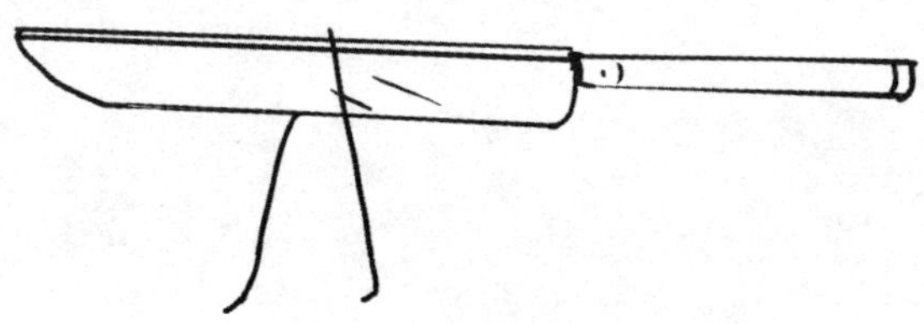

3 拿刀的手悬空，努力让细铁丝接触桌面的双脚保持不动。

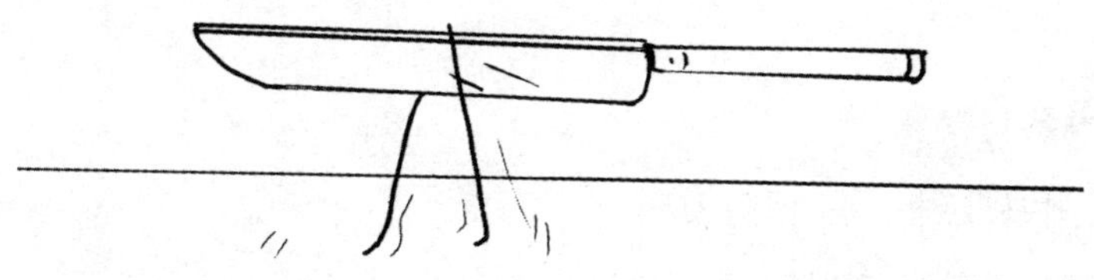

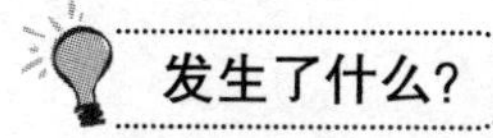

发生了什么？

你会发现，刀上的细铁丝双脚一直不听话地动个不停。

游戏中的科学

人手上的肌肉常处于收缩和放松的交替变化中，这种交替会产生难以觉察的轻微颤动。这种颤动能够带动细铁丝在水果刀背上“走路”。你越是想控制这种颤动，肌肉就越紧张地用力，手的颤动也就会越明显。

带孔的苍蝇拍

你只要留意就会发现，苍蝇拍上都是带有小孔的。如果我们用不带孔的拍子来打苍蝇，会有什么发现呢？

准备材料

1.一块硬纸板、一把剪刀

2.两根竹筷、两根钉子

游戏步骤

1 用剪刀从硬纸板上剪下大小和普通苍蝇拍大小相同的两块纸板。在其中一块纸板上戳一些小孔，钉上一根竹筷。

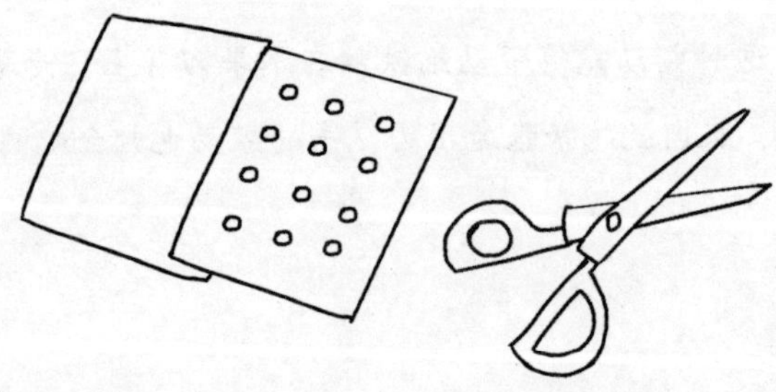

2 另一块纸板上也钉上一根竹筷。

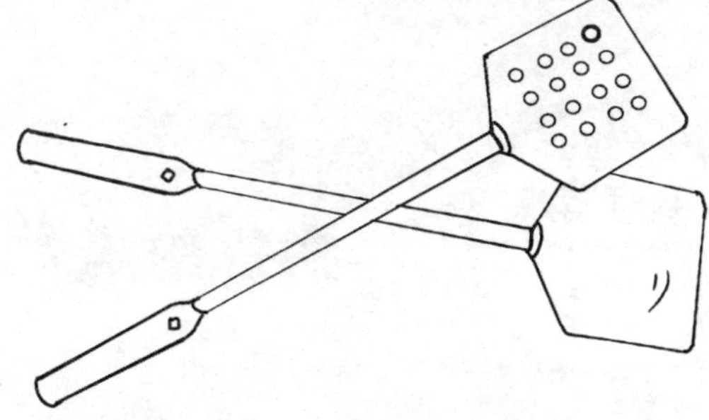

发生了什么?

用这两个简易的苍蝇拍去打苍蝇，结果发现，带孔的苍蝇拍打中的次数明显比不带孔的多。

游戏中的科学

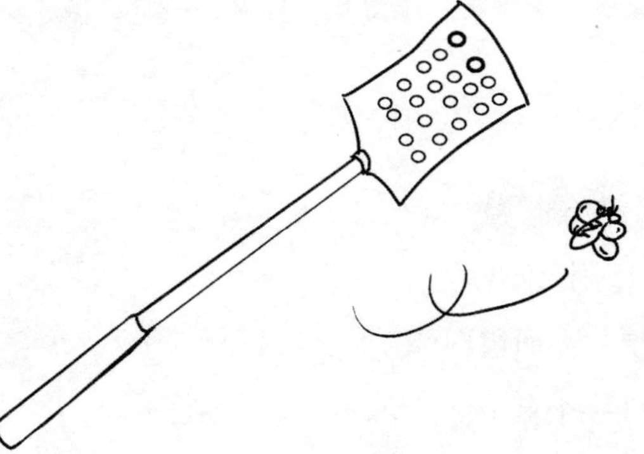

苍蝇的身上有很多细毛，可以感应到周围环境中温度、湿度和气流的变化。用不带孔的拍子打苍蝇时，拍子会带动空气，形成气流，很容易被苍蝇感知到。而有孔的拍子下方的空气则可以通过小孔透出去，苍蝇就不易感知，从而发现不了危险的来临，我们就很容易打中苍蝇。

蜘蛛的陷阱

你有没有观察过蜘蛛呢？你知道为什么蜘蛛能够轻易地从网上捕捉住昆虫吗？做下面这个游戏，你就会明白。

准备材料

1.一根细线

2.一个面包圈

3.一个盘子

游戏步骤

1 把线系在面包圈上，把面包圈放在盘子里。

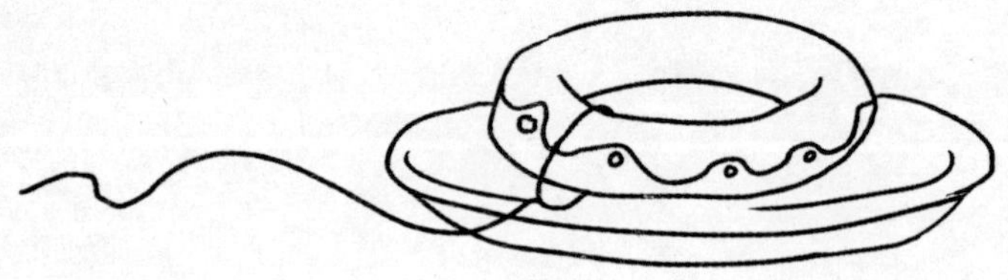

2 拉紧细线，走出一定距离。

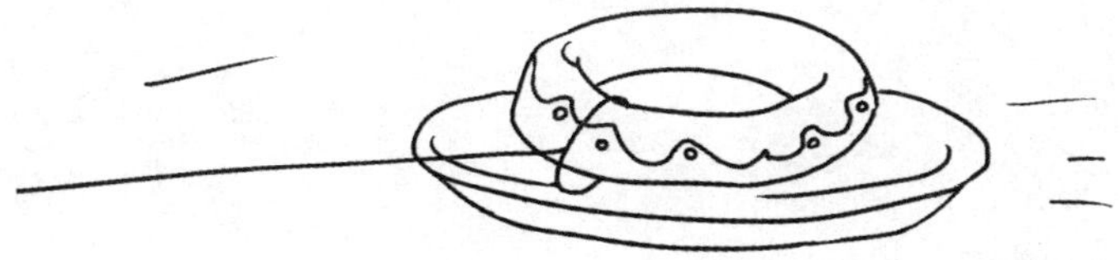

发生了什么？

让你的朋友轻轻地碰一下盘子，你就会感觉到线在颤动。

游戏中的科学

蜘蛛捕捉昆虫的原理和这个游戏类似。蜘蛛织好了蛛网，在一个隐蔽的地方躲藏起来，一只脚踏在和网相连的细丝上。等昆虫飞进蛛网就会被粘住，昆虫挣扎引起网的震动。蜘蛛感觉到后，会马上冲过去捕捉猎物。

大闹蚂蚁国

想要引起蚂蚁的注意，根本不用大动干戈去“骚扰”蚂蚁洞，你可以像下面的游戏这样做，同样能够让蚂蚁们“天下大乱”！

游戏步骤

1 在蚂蚁洞旁边找一只蚂蚁，然后对着蚂蚁轻轻呼气。

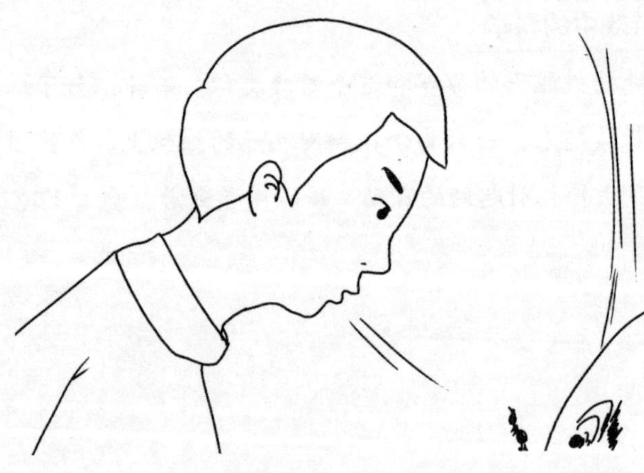

2 过一会儿，你就可以发现，一群蚂蚁惊恐不安，四处乱跑。

3 两分钟后，停止对蚂蚁呼气，蚂蚁就会恢复正常。

游戏中的科学

蚂蚁触角上的感受器可以感受到人在呼吸时排出的二氧化碳，并把它视为一种威胁。于是，蚂蚁会以一种特有的方式发出警告信号，其他的蚂蚁接到警告就会四处乱跑，显得惊恐不安。

寻找蚱蜢的“鼻子”

你知道蚱蜢的“鼻子”长在哪里吗？不要想当然地认为长在头上啊！如果有条件，让我们来做个游戏，找一找蚱蜢的“鼻子”吧。

准备材料

1.一只蚱蜢

2.一盆水

游戏步骤

1 把蚱蜢的头浸到水盆里。几分钟后，蚱蜢没有任何反应。

2 把蚱蜢的尾部浸到水盆里，蚱蜢依然没有反应。

3 把蚱蜢的身体往水里按下去一些，使水没过蚱蜢的腹部。

发生了什么?

你会发现蚱蜢的腿乱蹬，翅膀乱抖，嘴在不停地吐泡泡。

游戏中的科学

动物用鼻子来呼吸，鼻子被堵塞了，就会影响呼吸。蚱蜢的“鼻子”其实是气孔。当把蚱蜢的头部和尾部浸在水里的时候，蚱蜢没有什么反应，说明蚱蜢的“鼻子”不在头部和尾部。而把蚱蜢的腹部放入水中时，蚱蜢开始用力挣扎，说明它呼吸困难，“鼻子”被堵塞了。这个游戏证明蚱蜢的“鼻子”是在腹部的。

会“流汗”的叶子

夏天天气热的时候，人会通过流汗来降低体温。你知道吗？植物也会“流汗”！不信就来试试看吧。

准备材料

1.一盆绿叶植物

2.一个透明塑料袋

3.一根细线、水

游戏步骤

1 用透明塑料袋罩住绿叶植物的一部分叶子，用细线把袋口扎紧。

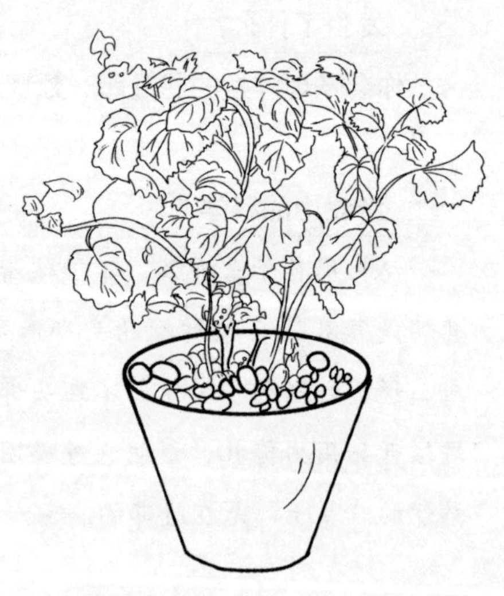

2 往花盆里浇水。

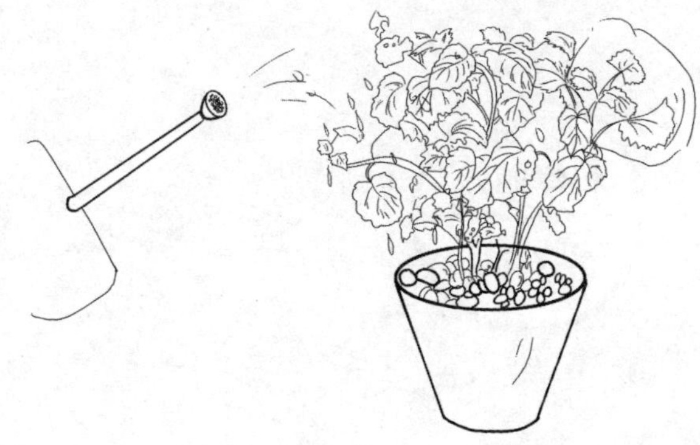

3 把绿叶植物放到阳光充足的地方。

发生了什么？

一段时间后，你就会看到塑料袋上有水珠出现。

游戏中的科学

在阳光下，绿色植物会进行蒸腾作用，通过叶片上的气孔，不断向外散发由根和茎吸收的水分。这些水分以水蒸气的形式存在于透明的塑料袋里，并在温度较低时凝结成水珠。所以，我们会在塑料袋里看到水珠，就像叶子在“流汗”一样。

会“呼吸”的小草人

动物通过呼吸来为身体供氧，那植物呢？其实，植物也会“呼吸”！让我们来看一看吧。

准备材料

1.两只广口玻璃瓶

2.两个塑料袋、两条橡皮筋

3.带小草的泥土块、两只蟋蟀

游戏步骤

1 把带有小草的泥土块放进一个瓶子，把拔掉小草的泥土块放入另一个瓶子。

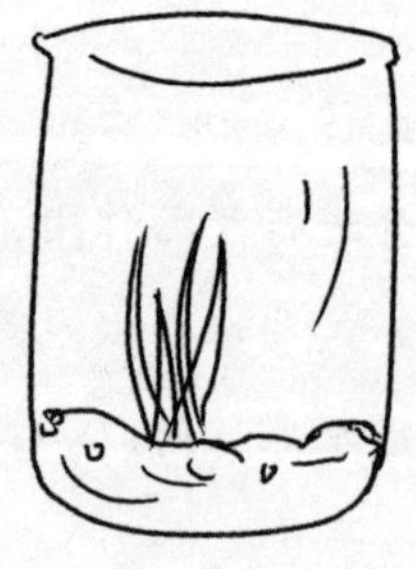

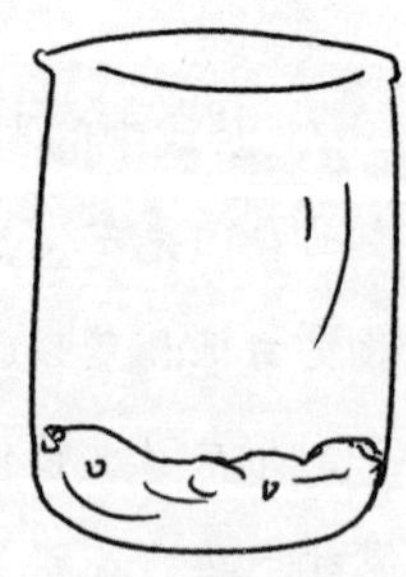

2 把两只蟋蟀分别放进两个瓶子。

3 用塑料袋把两个瓶子的瓶口盖上，用橡皮筋扎紧。

4 把两个瓶子放在有阳光的地方，但要避免阳光曝晒。

发生了什么?

你会发现，有小草的瓶子里的蟋蟀活得时间更久。

游戏中的科学

蟋蟀要想生存就要呼吸，吸入氧气，呼出二氧化碳。在阳光下，小草会进行光合作用，吸收二氧化碳，释放氧气。所以，蟋蟀可以吸入小草制造的氧气，小草可以吸收蟋蟀排出的二氧化碳，这样，有小草的瓶里的蟋蟀就会活得久一点。

会变色的叶子

动动手，你就能改变植物叶子的颜色。想不想变这样的魔术呢？那就仔细看下面这个游戏吧。

准备材料

1.一盆长有深绿色叶子的室内观赏植物

2.一把剪刀

3.一块黑色厚纸片、胶带

游戏步骤

1 用剪刀剪下两张足够盖住一片植物叶子的黑色厚纸片。

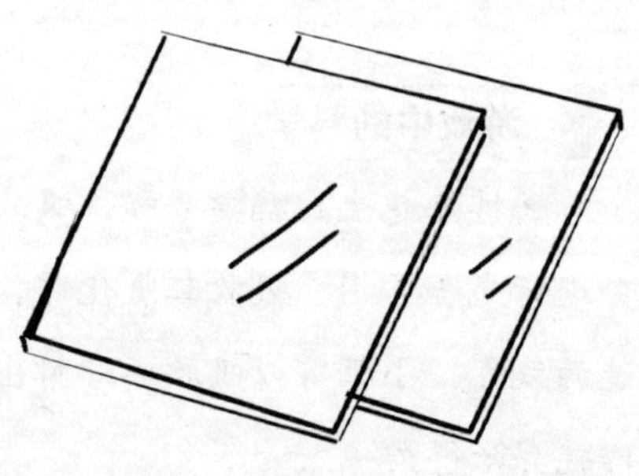

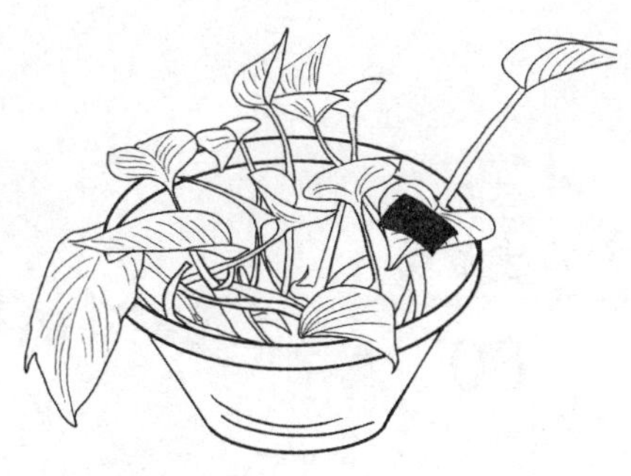

2 用剪下的两张黑色厚纸片夹住一片植物叶子，用胶带粘好边缘，不要让光透进去。

3 几天后，把叶子上的黑色厚纸片拿掉。

发生了什么？

你会发现，盖过黑色厚纸片的叶子变成了浅绿色，比这盆植物上的其他叶子颜色都要浅。

游戏中的科学

在游戏中，被黑纸片盖上的植物叶子因为没有照到阳光，不能进行光合作用生成叶绿素，所以颜色会变成浅绿色，看起来就比植物上其他叶子的颜色都浅了。

会“认路”的豆芽

不仅人和动物长着眼睛，我们周围的花花草草也是长着眼睛的呢！就连我们吃的豆芽也“认识路”呢！你知道这是怎么回事吗？

准备材料

1.一个硬纸箱、几粒黄豆或绿豆

2.一个带土的花盆、一张硬纸片

3.水、一把剪刀

游戏步骤

1 用剪刀在硬纸片上挖一个圆孔，并把硬纸片贴在纸箱里，使硬纸箱变成两层。在硬纸箱的顶部也挖一个圆孔，和硬纸板上的圆孔错开。

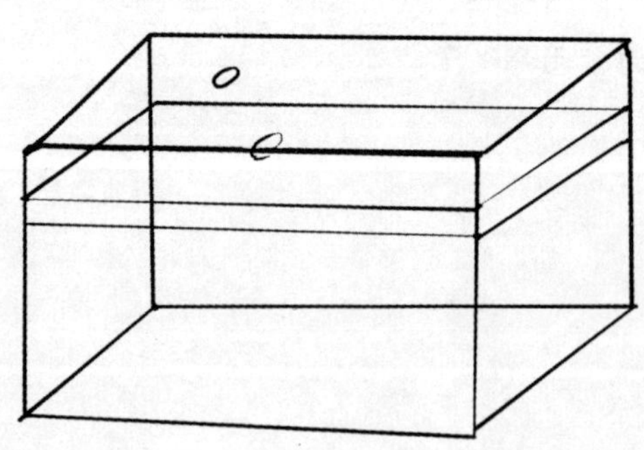

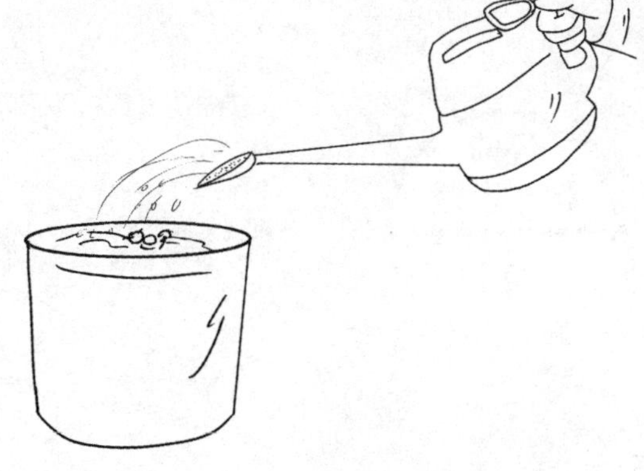

2 把黄豆或绿豆种在花盆里，浇上水。

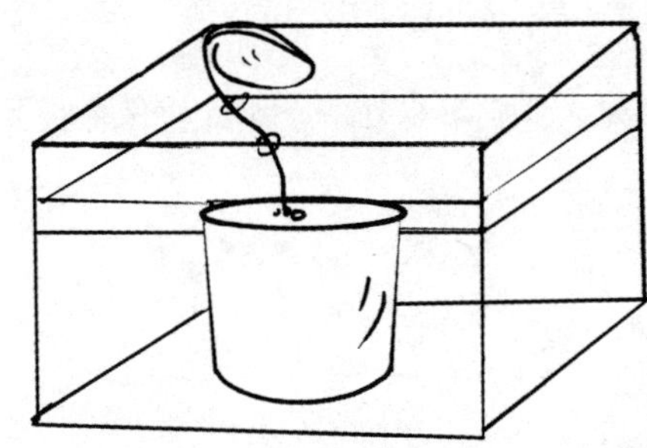

3 用纸箱把花盆罩住，除了圆孔，纸箱不能漏光。

发生了什么？

一段时间之后，打开纸箱，你会发现豆芽长得弯弯曲曲的，穿过了两个圆孔。

游戏中的科学

我们的周围，很多植物的生长都有趋光性。也就是说，它们就像长了眼睛一样，沿着能够透出光亮的地方生长。纸箱上只有小孔能够透出光线，所以豆芽会朝着小孔生长，长得弯弯曲曲。

常绿西红柿

西红柿成熟了就会变成红色。不过，我们可以让一个西红柿保持长久的绿色，不变红！来试试吧。

准备材料

1.一株生长的西红柿

2.一碗热水

游戏步骤

1 在一株西红柿上找一个还未成熟的绿色西红柿。

2 拿来热水，把挑选好的西红柿放在热水里浸泡三四分钟。

发生了什么?

几天后，你会发现，其他的西红柿都陆续变红了，而被浸泡过的西红柿仍然是绿色的。

游戏中的科学

西红柿里含有一种叫做酵素的物质，酵素会产生乙烯气体，从而催熟西红柿。而用热水浸泡西红柿，会破坏西红柿中的酵素，使其无法产生乙烯气体，因此绿西红柿无法成熟，会维持长久的绿色。

催熟水果

把不成熟的青香蕉放在袋子里一段时间，它会发生怎样的变化呢？来试试就知道了。

准备材料

1.两根未成熟的青香蕉

2.一个纸袋、一根细线

游戏步骤

1 把一根青香蕉放进纸袋里，用线把袋口扎紧，放在桌子上。

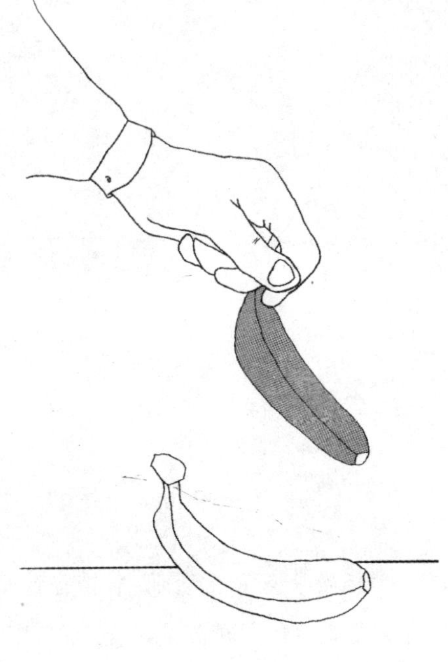

2 把另一根青香蕉也放在桌子上。

发生了什么？

3天后，你会发现，袋子里的香蕉已经黄了，而没有放进袋子里的香蕉还是青的。

游戏中的科学

与许多水果一样，香蕉也会产生乙烯气体。袋中的香蕉产生的乙烯气体被困在袋子里，浓度较大，可使香蕉熟得更快。而放在袋子外的香蕉尽管也产生了乙烯气体，但是大部分都散发到了空气中，因此会熟得慢一些。

散不开的皮带

把腰带绕在铅笔上，腰带会散开。但是在这个魔幻表演中，腰带会被铅笔紧紧拉住。那么，你准备好了吗？赶紧试试这个魔术吧。

准备材料

1.一条内外两面颜色不同的腰带

2.一支铅笔

游戏步骤

1 把腰带对折起来，内表面相对。从对折处开始，把腰带卷起来，形成扁平的圆。圆的中心是“S”形。

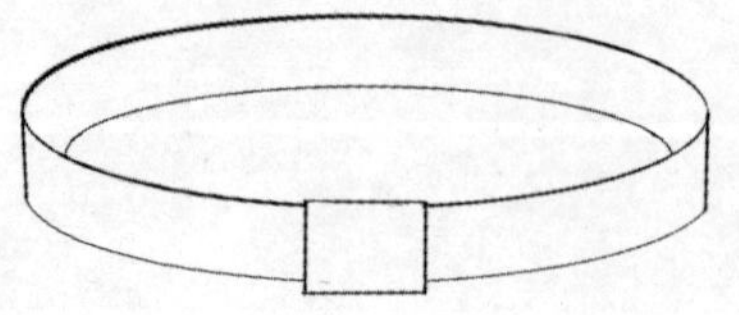

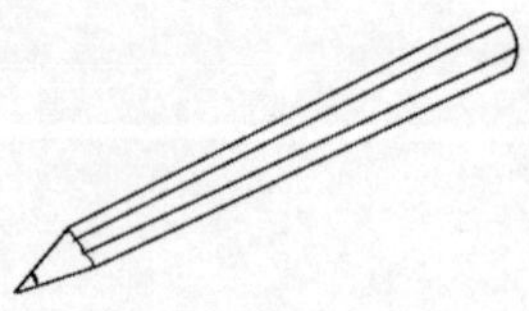

2 把铅笔插在内表面部分的“S”半弧中。

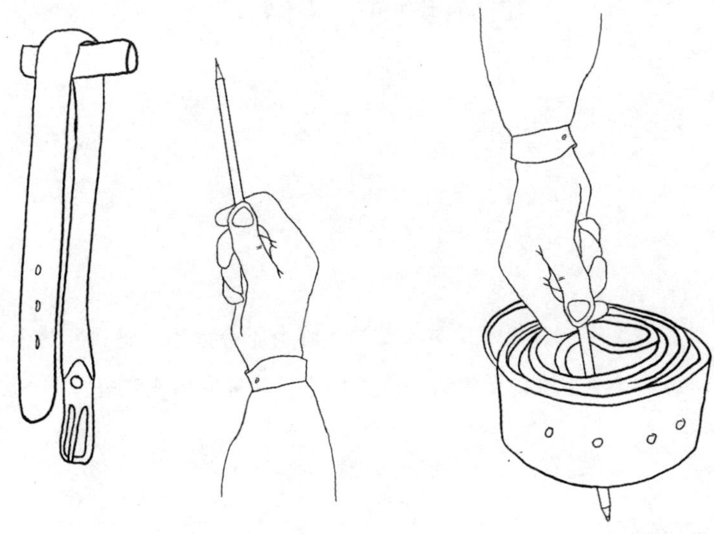

发生了什么？

拉住腰带的两端，腰带会被铅笔拉住。

游戏中的科学

这个魔术依据的是拓扑原理。因为通过扭转腰带的一端，你会改变腰带折叠的方式，原来的里面会成为外面。拉住腰带的两端，腰带就会被铅笔拉住了。

剪不断的纸环

如果告诉你有一种纸环是剪不断的，你会不会大吃一惊呢？这个神秘的纸环，还能够产生难以预测的变化呢！你想了解它的变化吗？

准备材料

1.3根纸条

2.一瓶胶水

3.一把剪刀

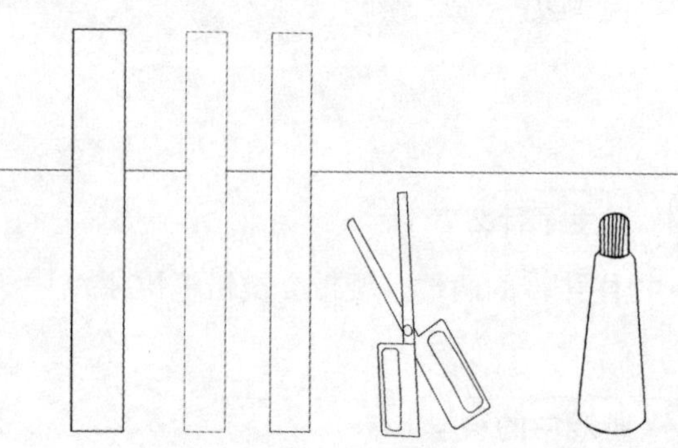

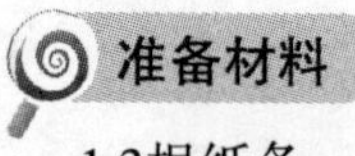

1 将第一根纸条两头对接，用胶水粘好，做成纸环。

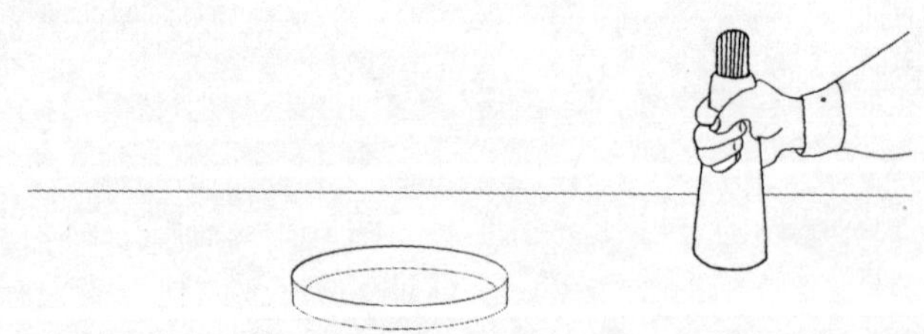

2 第二根纸条先扭转一次，再两头对接粘好，做成一个纸环。

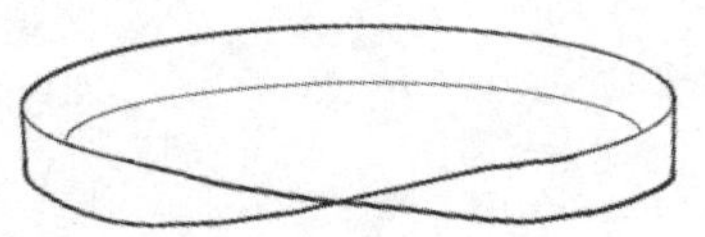

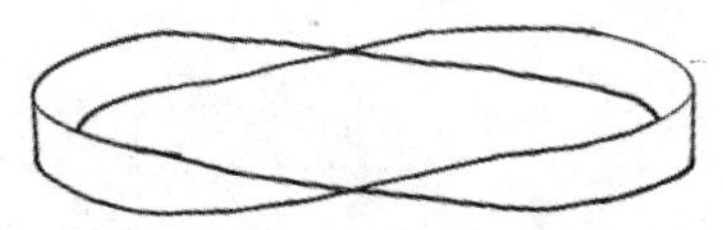

3 第三根纸条扭转两次，两头对接粘好，做成一个纸环。

4 沿着纸环中间，把3个纸环分别剪开。

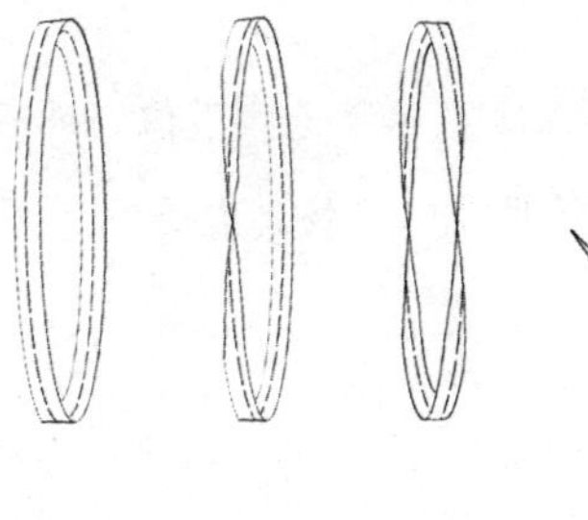

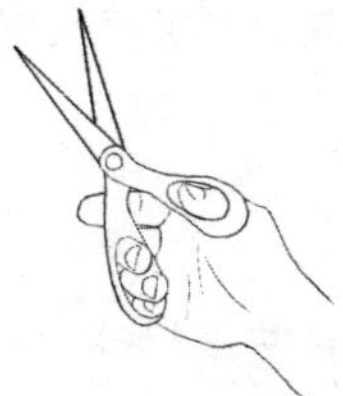

发生了什么？

第一个纸环变成了两个分离的纸环，第二个变成了一个大环，第三个变成了套在一起的两个纸环。

游戏中的科学

其实，这个魔术揭示的也是数学的奥秘。第二个和第三个纸环叫做莫比乌斯环，是数学家莫比乌斯发明的。普通的纸环可以分成表、里两面，但莫比乌斯纸环既无表面，也没有背面，这个纸环只有一面。如果沿着中央将纸环看成一条线，这条线会成为纸环长的两倍。

失踪的线

线条也会和我们捉迷藏呢！不信，就看下面这个魔术。小朋友，线条到底藏到哪里去了呢？你能找到它吗？

准备材料

1.一张长方形纸片

2.一把剪刀、一块红布

3.一支圆珠笔

游戏步骤

1 在纸片上用圆珠笔划出13条同样长度的直线，直线间的距离相等。

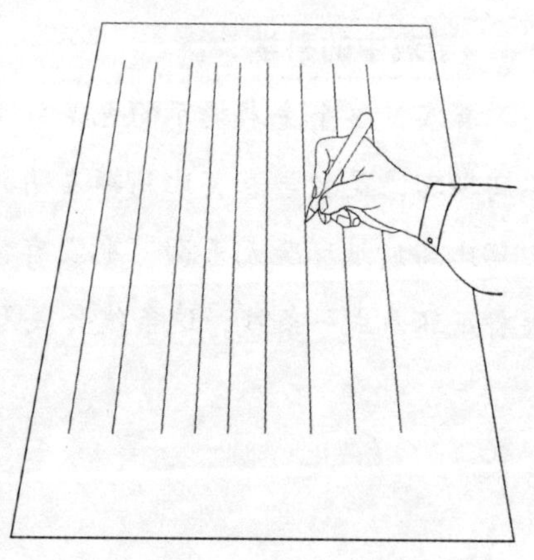

2 沿着纸片最左边直线的上端和最右边直线的下端划一条直线，沿这条直线把长方形剪开。

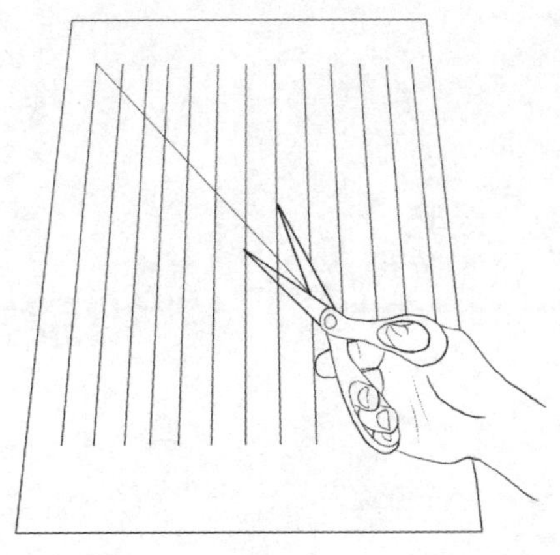

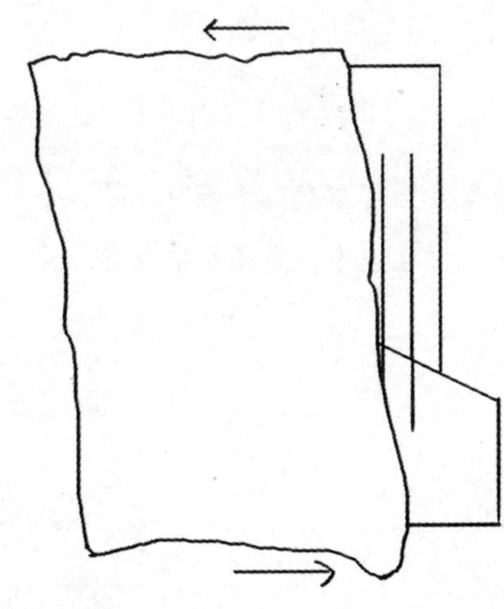

3 用红布盖上纸片，同时悄悄向右移动纸片的下半部分，使左边第一条直线的上端和剪开后的第二条直线对齐。

发生了什么？

做出拿走一条直线的动作，打开红布，纸板上的直线变成了12条。

游戏中的科学

根据几何定理，斜线把13条直线中的11条切开了。移动硬纸片进行拼接之后，每一条直线（从第二条起）被切开的上面的线段接到了前一条直线的下面一段上。这样，12条线段每一段都比原来增加了1/12。但线的总长度实际上是不变的。

“相亲相爱”的两个碗

小朋友，不知你是否玩过这个游戏，就是当你拿起一个碗时，另一个手根本没有碰到的碗，也会跟着被提起来，浮在空中。是不是很神奇，快来试试看吧！

准备材料

1.两个一样的碗、报纸

2.常温水、热水

游戏步骤

1 把报纸对折两次，折成大小相同的四页，然后用常温水浸湿，盖在一个碗上面。

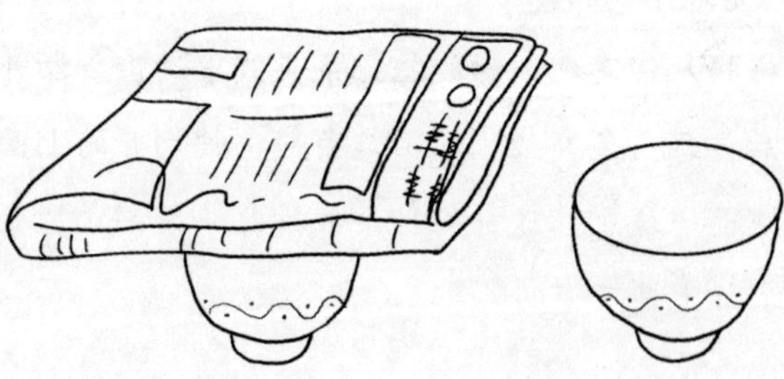

2 另一个碗中倒入半碗左右的热水，然后把热水倒掉，立刻扣在报纸上。注意必须与下面的碗对齐。（小心不要被烫伤。）

3 一分钟后，用手提起上面的碗，下面的碗就会像变魔术一样，也跟着被提起来。（为了安全起见，请在碗下垫上毛巾。）

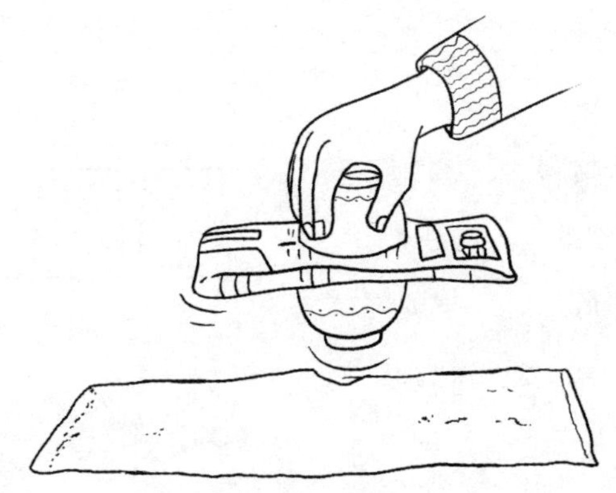

游戏中的科学

加入热水又倒掉的碗里，充满了水蒸气，而空气被排出。这时再把它密闭且冷却，水蒸气就凝结成了水，碗内的气压就会下降。于是大气压力就将两个碗紧紧地扣在了一起。你若想让这个游戏效果更明显些，那可以在两个碗里都加入热水再倒掉，这样碗就更不容易被分开了，而且水蒸气冷却所需要的时间也会更短，几秒钟就行了。

哪种形状最坚固

长方体、圆柱、棱柱，这些形状的坚固程一度是不一样的，到底哪种形状最坚固呢？做完这个游戏你就明白了。

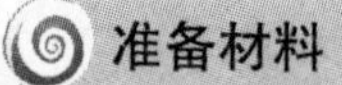

准备材料

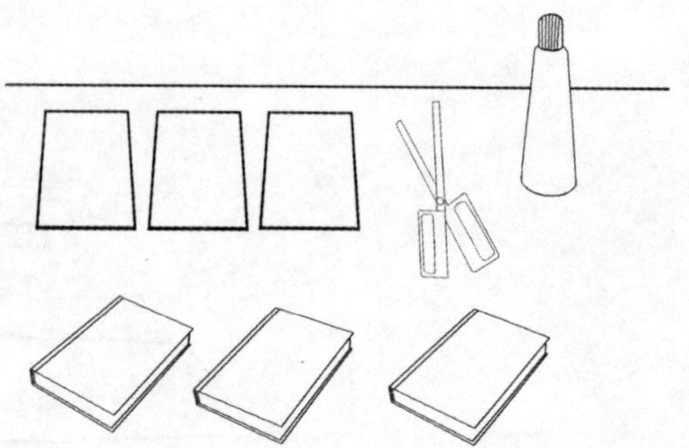

1.3张硬纸

2.一瓶胶水、一把剪刀

3.3本差不多重量的书

游戏步骤

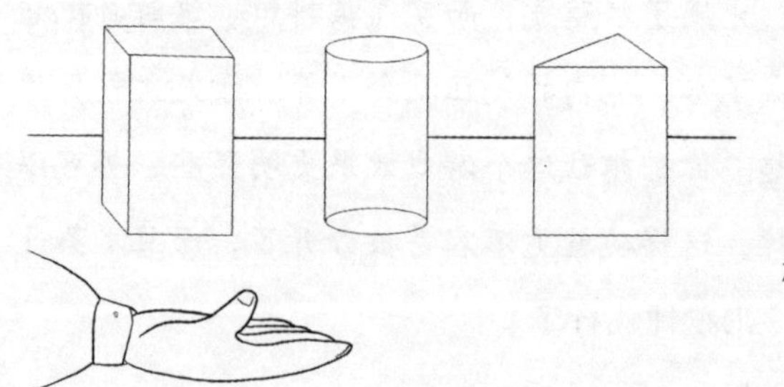

1 用3张硬纸分别折成长方体、三棱柱和圆柱。

2 在每种形状的硬纸上都放上书。

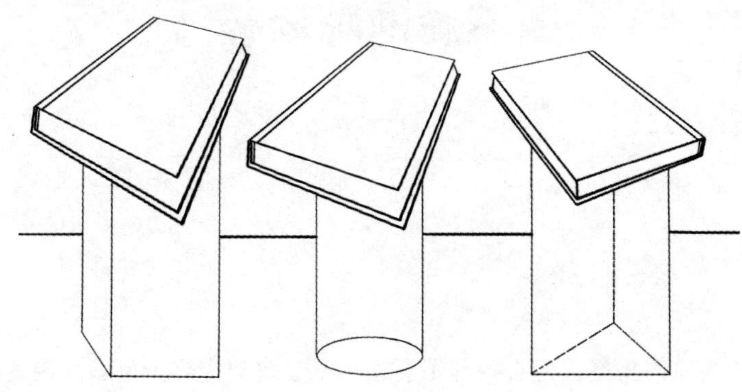

发生了什么?

结果发现，有些纸马上就被压垮了，有些纸支撑一会儿也垮掉了，只有圆柱形的纸，可以支撑很久。

游戏中的科学

在这个游戏中，圆柱形的纸上之所以能放上书而且支撑的时间较长，是因为圆柱形最坚固。虽然书本比较重，但是柱形可以把重量平均分散。这样，圆柱形的纸就能较长时间承受书本的重量。

倒不满的啤酒杯

把啤酒往杯里倒，怎么倒都不会溢出来。想知道这是怎么做到的吗？那么，就来做这个游戏吧！

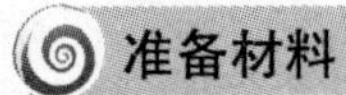

准备材料

1.一瓶啤酒

2.一个玻璃杯

游戏步骤

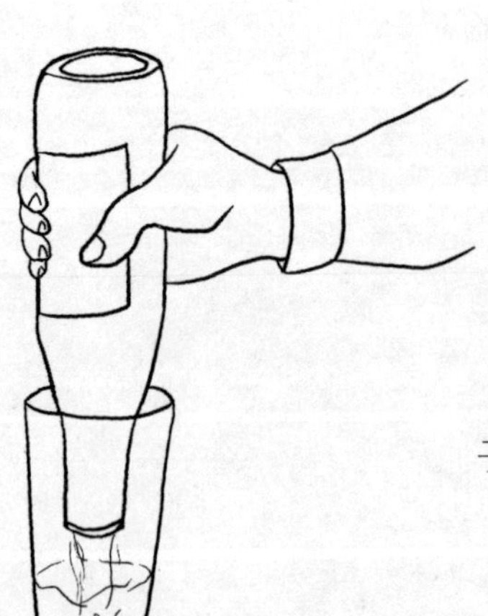

1 将啤酒瓶垂直倒立，往空杯子里倒酒，必须让瓶口保持在杯子高度的一半之处。

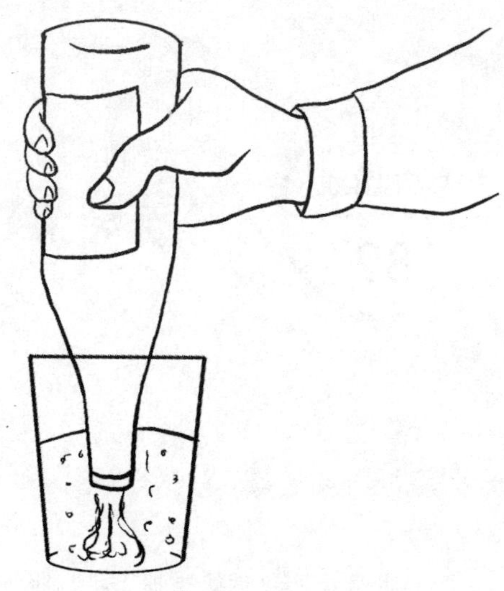

2 看着啤酒的泡沫不断往上冒，眼看就要溢出来了，但神奇的是，啤酒却突然停止涌出，一点都不会溢出来。

发生了什么？

只要瓶口保持在杯子高度的一半，啤酒一丁点儿也不会溢出来。

游戏中的科学

这是利用大气压力玩的游戏。大气压力推挤杯中水面的力量正好等于瓶内所剩啤酒的重量。加上瓶中空气所产生的压力，于是达到了力的平衡，因此瓶内的酒就不再流出。这个原理常常被应用在养鸟用的给水装置上。

百元大钞有轻功

明明看见钞票就要掉下去，但99％的人就是无法用手指夹住钞票。这是为什么呢？

准备材料

一张面值100元的人民币。

游戏步骤

1 把钞票放在孩子张开的食指和中指之间。

2 大方地对孩子说：“夹住了就给你。”然后放手让钞票落下。

发生了什么？

除非是侥幸，否则孩子不可能夹住这张钞票。

游戏中的科学

通过眼睛看，再由大脑作出判断，最后下达命令让手指去夹的这段时间，称为反应时间。人类的反应时间平均约为0.2秒。而在0.2秒内，自由落体下降的距离约为20厘米。因此，当长度不到16厘米的钞票落下时，从眼睛看见到用手指去夹，钞票的上端早就掉到13厘米以下了，所以绝对不可能夹到。同理，幼儿和老年人之所以比较容易发生交通意外，就是因为他们从发现危险到做出避开反应的时间通常会比较长。

鸡蛋变胖

只要把鸡蛋放在醋中浸泡3天，蛋壳就会变软，体积也会涨大1.5倍。这是为什么呢?

准备材料

1.一个鸡蛋

2.一个玻璃杯

3.少量的醋

游戏步骤

1 把鸡蛋放进较大的杯子里，加醋，使醋刚好没过鸡蛋。

2 鸡蛋会冒出泡泡，体积也会一天比一天大。请放置3天。（时间可能有点久，但值得一试。）

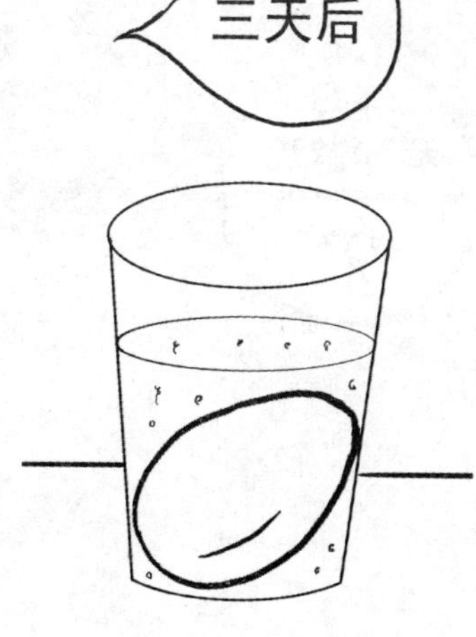

发生了什么？

3天后，鸡蛋硬硬的壳不见了，只剩下一层软软的半透明薄膜，而且体积比原来大了1.5倍！

游戏中的科学

白色的蛋壳不见了，是因为它被醋酸溶解了。蛋壳的主要成分是碳酸钙，被醋泡着的蛋壳中冒出来的泡泡就是溶解反应所产生的二氧化碳气泡。至于鸡蛋的体积会涨大到原来的1.5倍，则是由渗透压造成的。当薄膜两边物喷（例如蛋白质）的浓度不相等时，就会产生渗透压，浓度较低那边物质里的水就会透过薄膜，渗入另一边，以使薄膜两边物质的浓度相等。鸡蛋内部黏稠状的蛋白质浓度比较高。蛋壳变薄之后，在渗透压的影响之下，醋中的水分就透过蛋壳溶解后形成的半透明薄膜，进入鸡蛋把它撑大了。

易拉罐散步

平时轻易不大活动的易拉罐竟然会跟在大大的气球后面滚动散步，这是不是很神奇？下面就让我们来见证这个奇迹吧！

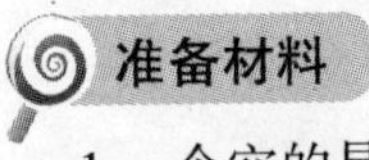

1.一个空的易拉罐

2.一个吹起来的气球

3.面巾纸一张

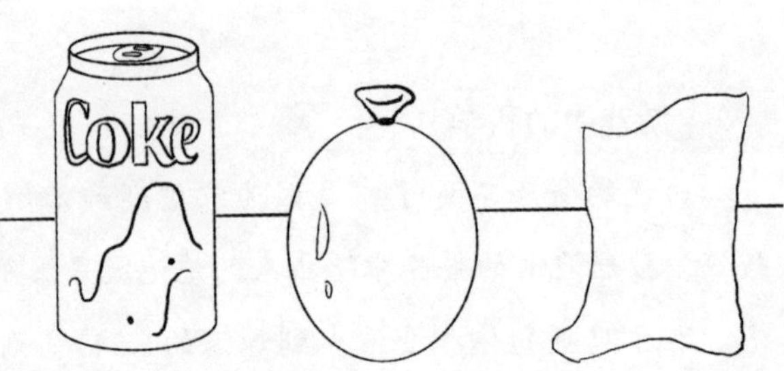

游戏步骤

1 把空的易拉罐平放在地上。

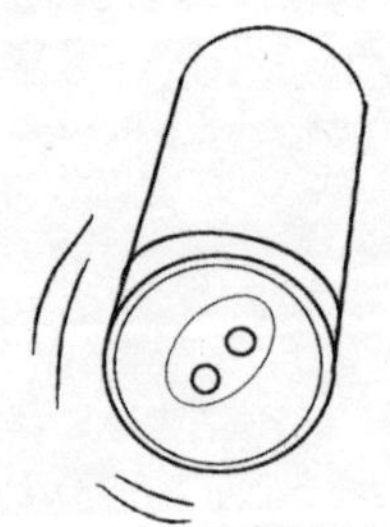

2 把气球吹起来并绑紧，用面巾纸反复摩擦。

发生了什么？

让气球靠近易拉罐，此时，易拉罐就会开始追着气球滚动。

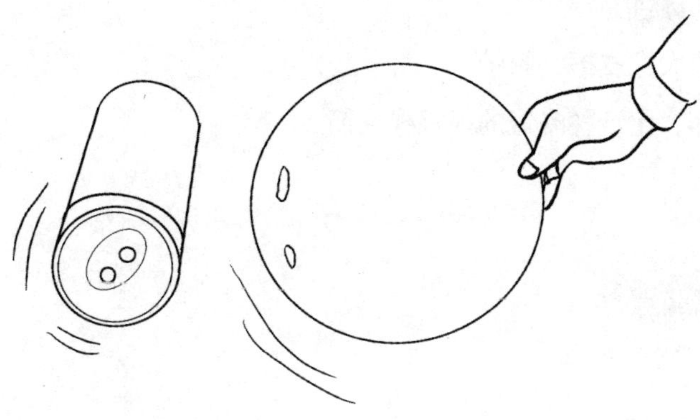

游戏中的科学

气球用面巾纸摩擦后，带上了大量的负电荷。易拉罐由金属制成，是一种导体。当带有大量负电荷的气球靠近不带电的易拉罐时，就会出现静电感应现象。易拉罐上靠近气球的部分会带上正电荷，正电荷与气球的负电荷相互吸引，自然就会出现易拉罐跟着气球跑的情形了。

纸杯瞬间失重

垂挂在纸杯外边的橡皮擦，会在杯子往下落的时候，全部掉进杯里。小朋友，这是一个很有意思的小实验哦，动手试试吧！

准备材料

1.两块大橡皮擦、胶带

2.纸杯、比纸杯略短的两根橡皮筋

游戏步骤

1 把比纸杯略短的两根橡皮筋分别用胶带固定在两块大橡皮擦上。

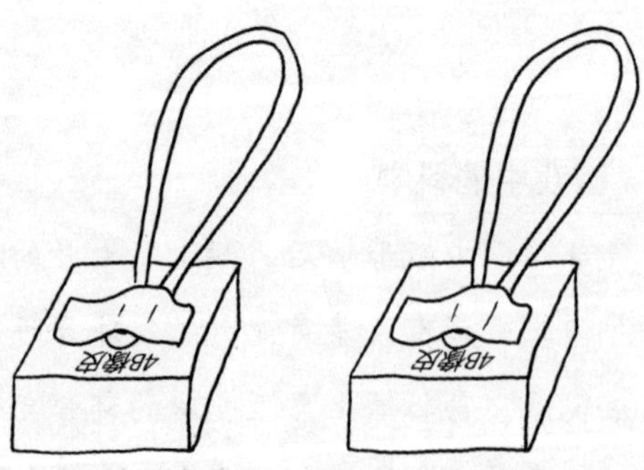

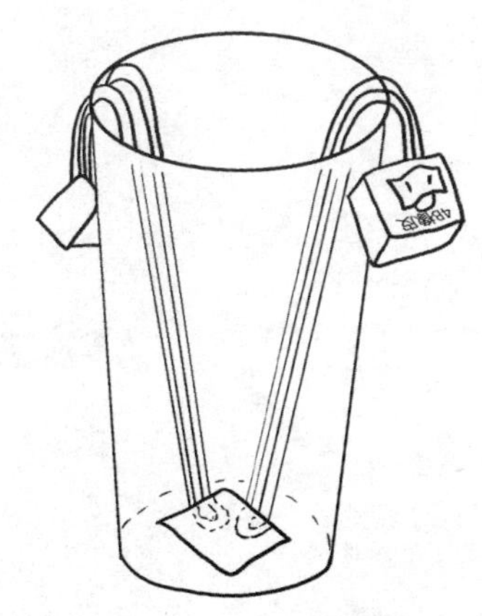

2 把两根橡皮筋的另一端，用胶带粘在一起固定在杯底。然后拉伸橡皮筋，使两块橡皮擦垂挂在杯外。

3 把纸杯举高后松手，然后赶快接住。（为了安全，最好在较软的家具上演示，比如沙发。）

发生了什么？

橡皮擦全部掉进了杯子里。

游戏中的科学

在杯子掉落之前，橡皮擦垂挂在杯外，其重量和橡皮筋拉扯的力量相互平衡。当杯子呈自由落体下落时，就处于失重状态，其速度会在重力的作用下越来越快，橡皮筋也会随着杯子落下而越拉越长，其拉力（弹力）也随之增大以致超过橡皮擦的重量，所以橡皮擦就被拉进了杯里。

吃蛋的牛奶瓶

把白煮蛋放在玻璃瓶口上，不用你动手，蛋就被吸进瓶子里了。这是不是很神奇呢？

准备材料

1.一个空玻璃瓶

2.剥了壳的白煮蛋，半熟最好

游戏步骤

1 往一个装牛奶用的空玻璃瓶里注入热水，摇一摇，把热水倒掉。（小心不要被烫伤。）

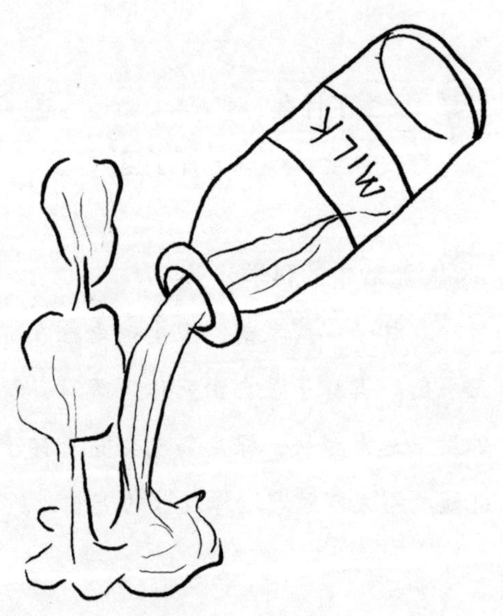

2 将剥了壳的白煮蛋（请选个头较小的鸡蛋，煮半熟），放在玻璃瓶的瓶口。

发生了什么?

过一会儿，白煮蛋就被自动吸进瓶子里去了。

游戏中的科学

热水的水蒸气，把玻璃瓶里的空气排了出去。放上白煮蛋后，蛋会与瓶口严密地闭合起来。这个密闭的瓶子冷却后，水蒸气就会凝结成水，于是瓶内的气压下降，白煮蛋就被瓶外的大气压力压进瓶子里了。

鸡蛋跳水

没有脚的鸡蛋也能跳水，你相信吗？来看一下下面的这个游戏，你就知道这是为什么了。

准备材料

1.一张厚纸板

2.卷筒卫生纸的纸芯

3.白煮蛋一枚

游戏步骤

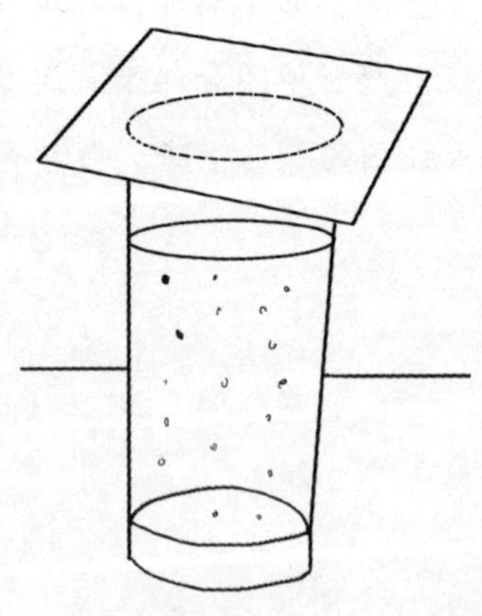

1 杯子里倒水，八分满，从空牛奶盒上裁下一块比杯口大一圈的正方形厚纸板，盖在杯口上。

2 在厚纸板上面，正对着杯口的位置上，放一个卷筒卫生纸的纸芯，在纸芯顶端放一颗白煮蛋。

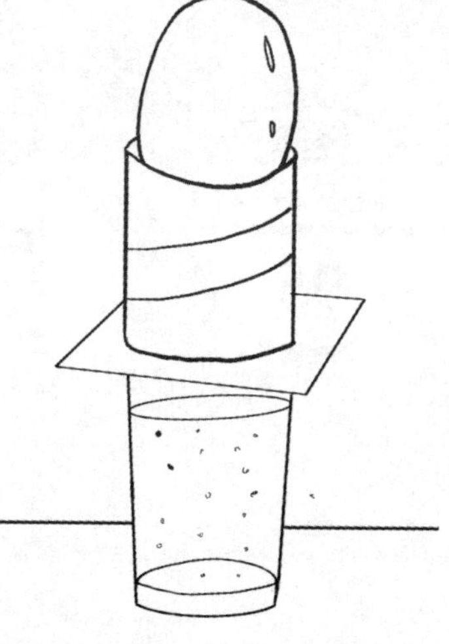

发生了什么?

沿水平方向快速抽掉厚纸板，鸡蛋“扑通”一声就掉进水杯里了。

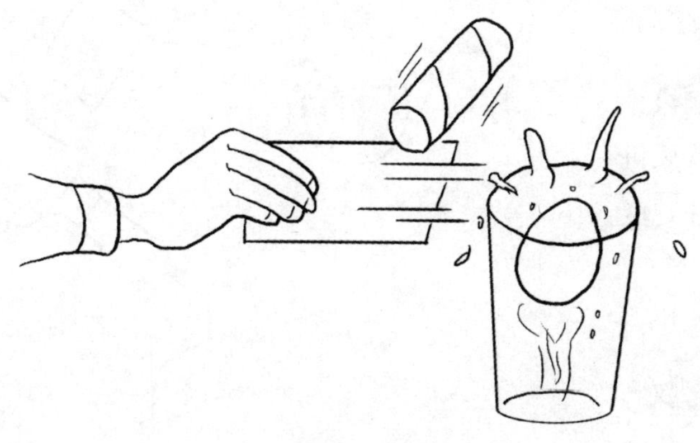

游戏中的科学

物体保持其原有状态的性质叫做惯性。惯性的大小与物体的重量成正比。当厚纸板被快速抽离时，卷筒卫生纸的纸芯和鸡蛋都会受到惯性的作用保持原有状态，但由于纸芯比较轻，它会受到厚纸板抽离时的摩擦力而往旁边倒，而较重的鸡蛋则会掉进水里。另外，用生鸡蛋来做这个实验，会更刺激。

乒乓球太空漫步

吹风机的出风口向上吹冷风，在风口处放一个乒乓球，球会上下左右激烈地跳动，却不会掉下来。我们就来试试下面的魔术吧！

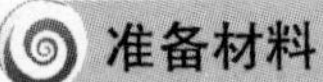

1.一把吹风机

2.一个乒乓球

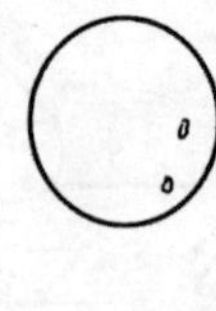

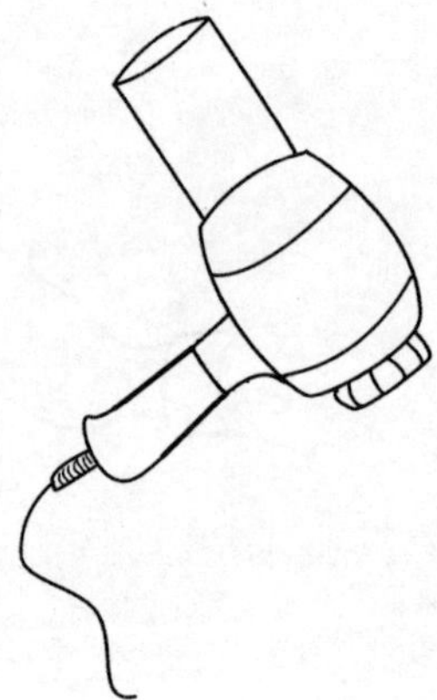

游戏步骤

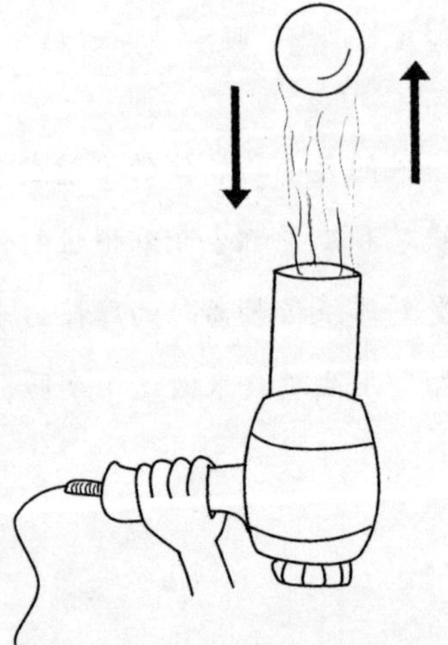

1 将吹风机调至“冷风”档，向上吹，轻轻地在风口处放上一个乒乓球。

2 这时候，乒乓球会在空中一个固定的范围内上下左右激烈地跳动，但绝对不会落下来。

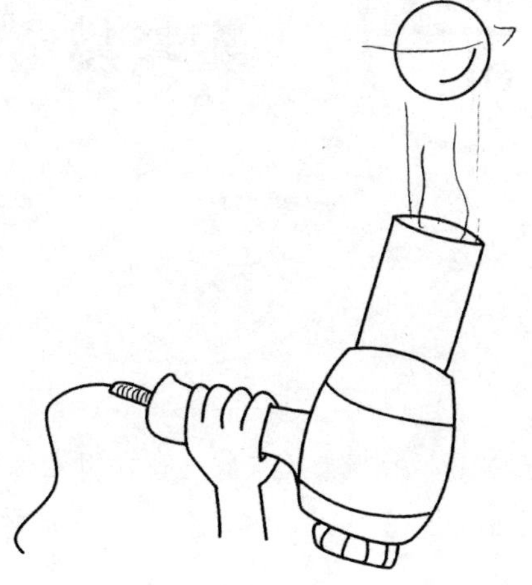

3 改变吹风机的风向，乒乓球也会随着风向转移，但是不再左右摆动。

发生了什么?

无论如何改变风向，乒乓球只会上下左右激烈地跳动，却不会掉下来。

游戏中的科学

吹风机的风会不断将乒乓球往上推，但因为球自身有一定的重量，它会上下跳动；至于左右摇摆，则是由于通过乒乓球旁边的气流速度不稳定而形成的。也就是说，空气流速较快的地方，气压较小，而流速较慢的地方气压较大，于是乒乓球就左右摆动起来。当吹风机斜吹时，乒乓球之所以不会掉落也不会左右摆动，是由于风的推力，使各方面的力量保持在了一个平衡的状态中。

塑料袋热气球

充气后的黑色垃圾袋，在太阳光的照射下会像气球一样飞上天，这是不是很有趣呢？

准备材料

1.黑色大垃圾袋一个

2.吹风机、胶带

游戏步骤

1 用手将黑色的大垃圾袋袋口收拢并抓紧，用吹风机往里吹热风，使袋子膨胀起来。

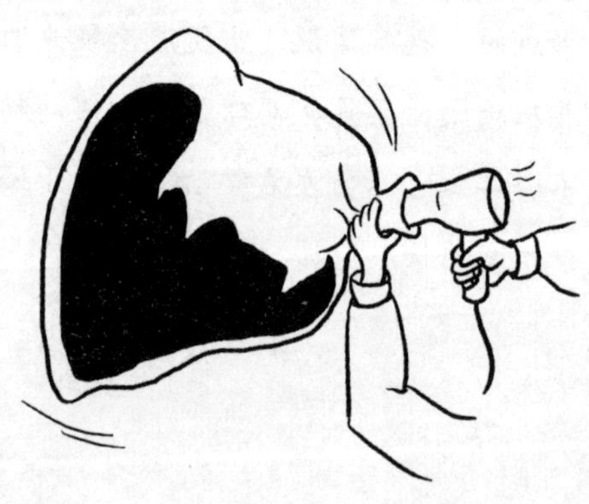

2 收紧袋口，用胶带固定，用一根长线牢牢地绑住。

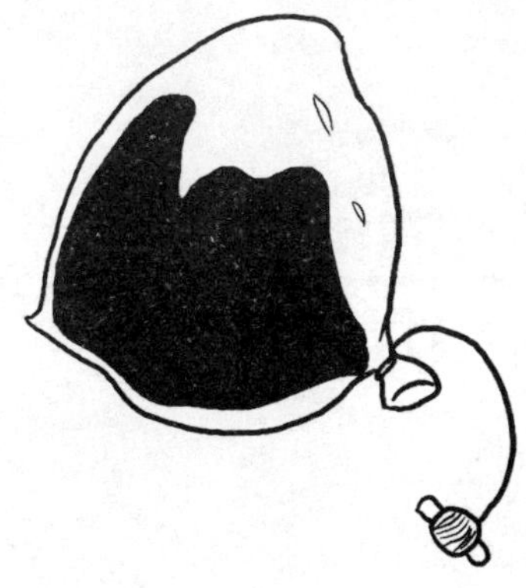

3 拿到屋外，黑色的垃圾袋在阳光的照射下，慢慢上升。（最好选择没有风的广场，比较容易成功。）

发生了什么?

一段时间后，黑色塑料袋竟然自己摇摇晃晃地升起来了。

游戏中的科学

黑色的垃圾袋很容易吸收太阳光的热，袋里的空气因温度上升而膨胀。袋里的空气膨胀之后密度就变小了，膨胀的袋子因为体积变大，受到的空气浮力则跟着变大，袋子自然就会往上升了。

上升下沉任我行

你有本事让水里的软塑料瓶上下浮动吗，学了下面这个魔术，你会觉得这是如此的简单。

准备材料

1.软塑料眼药水瓶

2.大可乐瓶、水

游戏步骤

1 在软塑料眼药水瓶中装入一点水，放进水杯里。调整瓶中水位，让眼药水瓶保持在接近水面的位置。

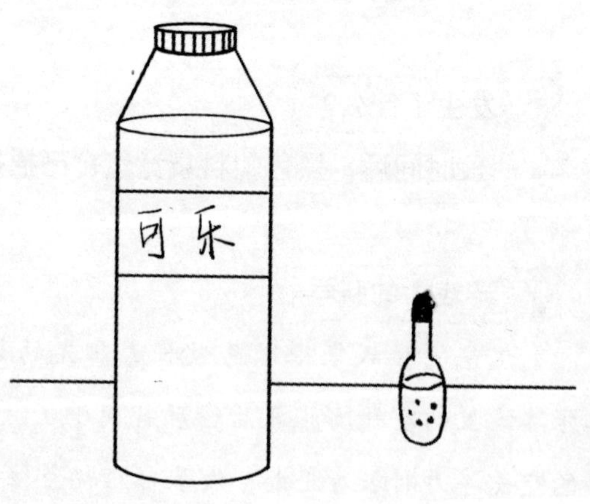

2 准备一个装满水的大可乐瓶，将眼药水瓶放进去，并盖上盖子。

3 一边喊“沉下去”，一边用手挤压大可乐瓶，眼药水瓶果然按着你的命令沉了下去；再喊“浮起来”，同时放松压着大可乐瓶的手，眼药水瓶果然又很听话地浮了起来。

游戏中的科学

用手挤乐大可乐瓶时，压力会透过水传到眼药水瓶上，眼药水瓶内的空气体积因为被压缩而变小，浮力因此减小，所以眼药水瓶就会下沉。将手放开后，眼药水瓶的体积又恢复原状，也就浮了起来。阿基米德原理指出，物体在水中浮力的大小等于物体所排开水的重量。

经典
科学游戏
98

绳子瞬间换位

转眼之间两条绳子就换了位置，这可没要什么诡计，想不想知道这是怎样的魔术呢？

准备材料

两条颜色不同的绳子

游戏步骤

1 将两条颜色不同的绳子分别结成圆圈，像图中那样套起来。（要想增加演出效果的话，最好用白色和红色的绳子，一般则只要能够看清楚是两种颜色就可以。）

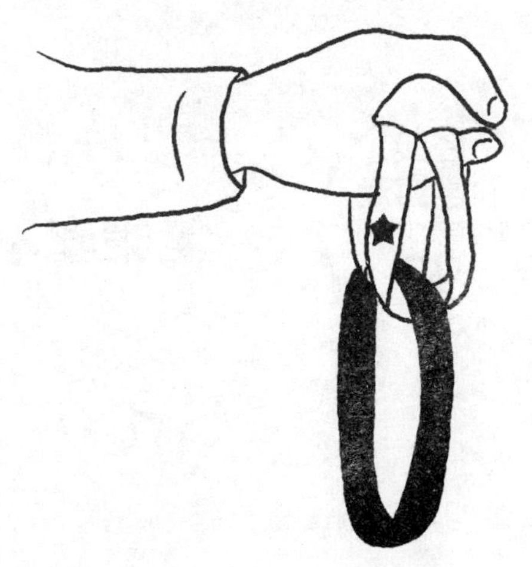

2 像图中那样用左手将两条绳子提起来，嘴里念一声“变”，用右手的手指捏住★号处，向下拉。

发生了什么?

两条绳子立刻交换了位置。

游戏中的科学

这个魔术并没有什么特别的技巧。慢慢地拉绳子，注意绳子的变化，你就能发现其中的奥秘。其实，绳子还可以用来变许多有趣的魔术，这只是其中的一个而已。

笔帽套不上

闭上一只眼睛，试着给钢笔套上笔帽。即使小心翼翼地确认距离，还是很难办到。

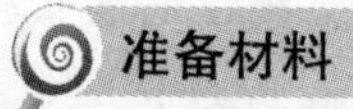

一支钢笔、笔帽

游戏步骤

1 让孩子将两臂伸直，一手拿钢笔，一手拿笔帽。

2 让孩子闭上一只眼睛，将笔帽套上，孩子却难以办到。

发生了什么?

除非幸运，一般来说孩子是不可能将笔帽套上的。

游戏中的科学

人要依靠左右眼的视差来测定自己与物体之间的距离。也就是说，人们用右眼、物体及左眼三点进行“三角测量”。因此，一只眼睛是无法判断出准确的距离的，孩了也就无法成功套上笔帽。看较远的物体时，视差会变小。因此，如果有两个人同时从远处走向自己，我们一般很难判断到底谁离自己近一些。

滴水不漏的漏斗

漏斗的导流口明明没有封住，水却不会漏出来，这是为什么呢？来做下这个游戏，你就明白了！

准备材料

1.挂历纸或者其他比较硬点的纸

2.透明胶带一卷、空的玻璃杯

3.面巾纸若干、水

游戏步骤

1 将挂历纸等比较硬的纸卷成上口径3厘米左右的圆锥，做成漏斗，在接缝处用透明胶带固定。（漏斗的导流口不要开得太大，否则无法成功。）

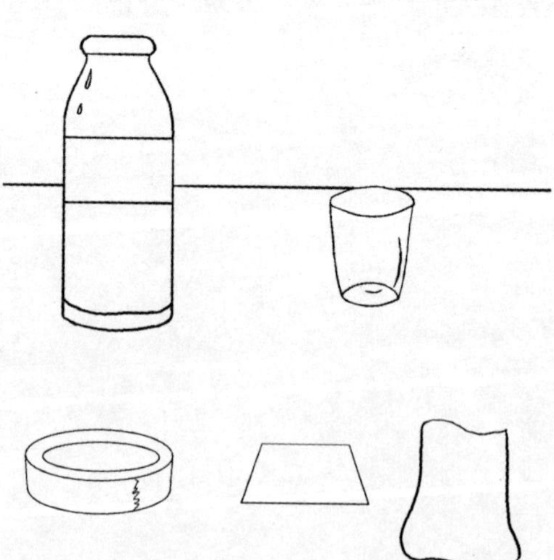

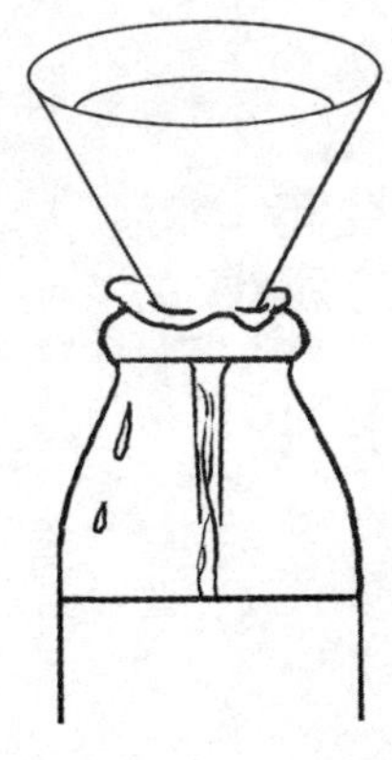

2 准备一个空瓶子，用浸湿的面巾纸把瓶口堵起来，再稍微用力将漏斗塞入，注意不要留有缝隙。

3 拿一个大杯子装满水，一下子倒入漏斗。

发生了什么?

刚开始时，会有一点儿水漏入瓶子，但水流逐渐变小，最后就滴水不漏了。

游戏中的科学

除了漏斗下面的导流口，瓶子的其他部分都处于密闭状态。当大量的水一下子倒入瓶中时，瓶子中的空气就会受到挤压。随着水的继续流入，瓶中的气压会进一步增大，直到足以将导流口处下漏的水顶回去。同时，导流口的水的表面张力也在不断增加，因此水就被堵在导流口，无法下漏。如果沿着漏斗壁将水慢慢倒入，水流就会畅通无阻了。

磁铁浮在半空中

即使孩子知道磁铁同极相斥的特性，但他看到一块磁铁悬浮在另一块磁铁上方时，还是会十分惊讶。

准备材料

1.两块磁铁

2.铅笔或者橡皮擦

3.透明胶带

游戏步骤

1 找两块磁性较强的磁铁，使同极的两个面相对，这时两者相斥。

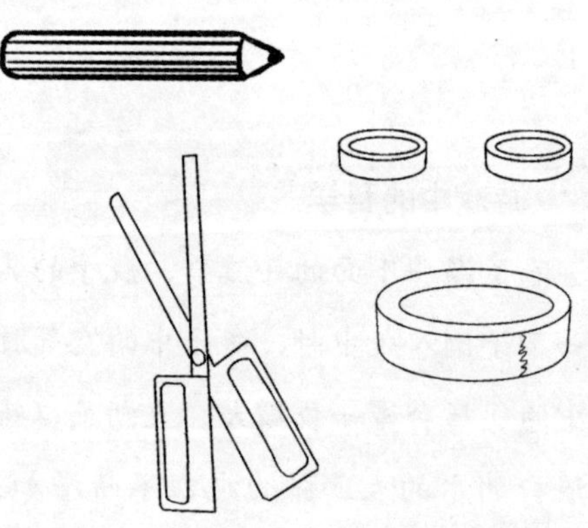

2 在这两块磁铁可以产生排斥作用的距离内，将适当粗细的铅笔或橡皮擦夹在磁铁之间，然后用透明胶带固定。

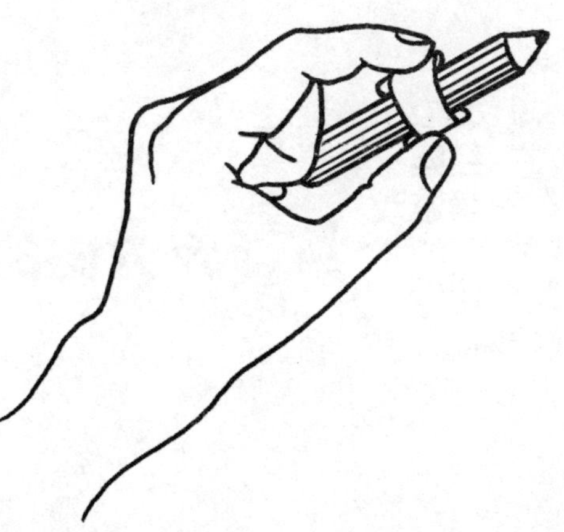

3 将磁铁放在桌上，抽出其中的铅笔或橡皮擦，就可以看到上面的磁铁浮在半空中。

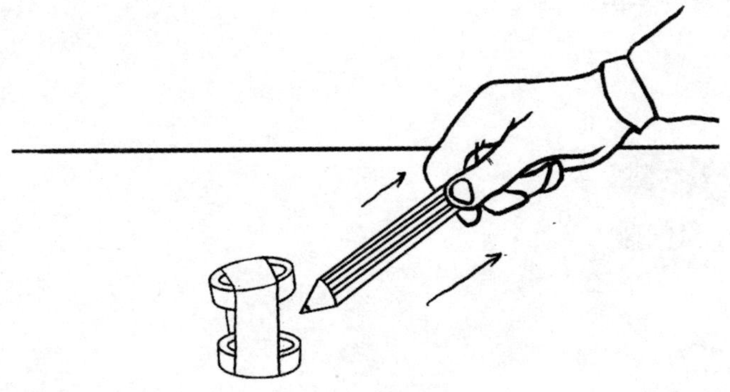

发生了什么？

一块磁铁悬浮在另外一块磁铁的上面。

游戏中的科学

磁铁悬浮在空中，是因为磁铁具有同极相斥的特性。因为透明胶带阻止了磁铁的移动，否则磁铁就会跳开，或者翻转过来吸在一起。

反方向的气球

开车去游乐园玩时，常常看到有人在路边卖氢气球。不妨买一个，可以用来做科学游戏。

准备材料

一个氢气球

游戏步骤

1 将车窗都关起来，让孩子握着气球的绳子，不要让气球碰到车顶和车窗。

2 当车子遇到红灯或障碍物突然停下来时，人往往会向前倾，但这时气球却往后飞。

3 等到车子再度前进时，人往往会向后倾，但这时气球却向前飞。

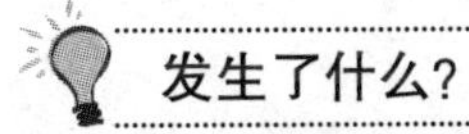

发生了什么?

气球总是向汽车前进方向的反方向运动。

游戏中的科学

汽车中的空气是有一定质量和密度的。车子突然停下来时，因为惯性，人会向前倾，空气也一样。而氢气球内氢气的密度小于空气，所以会在反作用力的推动下向后移动。同样的道理，当车子发动时，人会往后倒，空气也会向后移动，氢气球就会在反作用力的推动下向前移动。

美丽的彩虹

用十分简单的方法，我们就可以给孩子做一道彩虹。

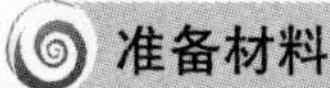

1.装满水的脸盆

2.一面镜子

3.一张白纸

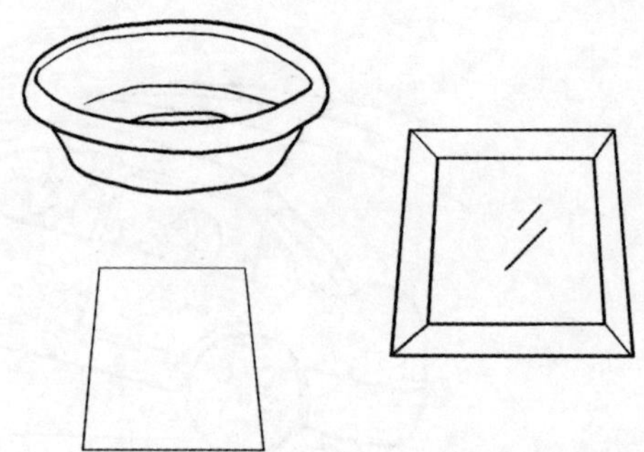

游戏步骤

1 脸盆中装满水，靠着盆壁放一面镜子，调整镜子使之朝向太阳。

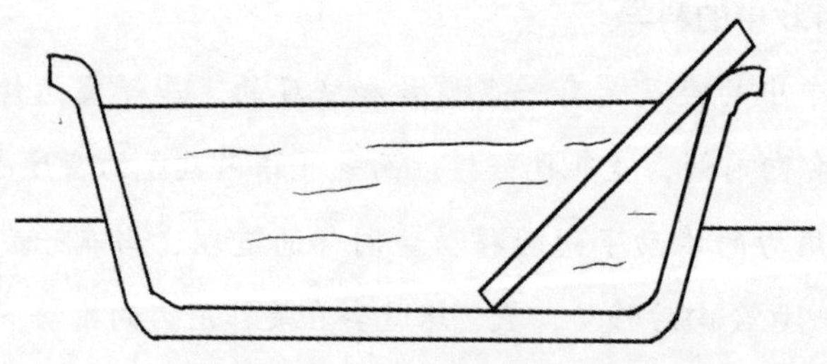

2 拿一张白纸，让阳光反射到白纸上，调整镜子和白纸的位置，就可以看到白纸上出现了美丽的彩虹。

发生了什么？

白纸上出现了一道美丽的彩虹

游戏中的科学

阳光是由许多波长（颜色）不同的光组成的。波长不同的光在水中的折射率也不同，蓝色光被水折射的角度，比红色光小。从水中镜子上反射的太阳光线透出水面后，就会分散开来，在白纸上排列出彩色光谱。

用时钟测方位

虽然没有指南针，但只要有阳光，时钟就可以告诉你哪里是南方，小朋友们快来自己动手试一下吧。

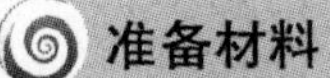

准备材料

1.时钟

2.一小根树枝

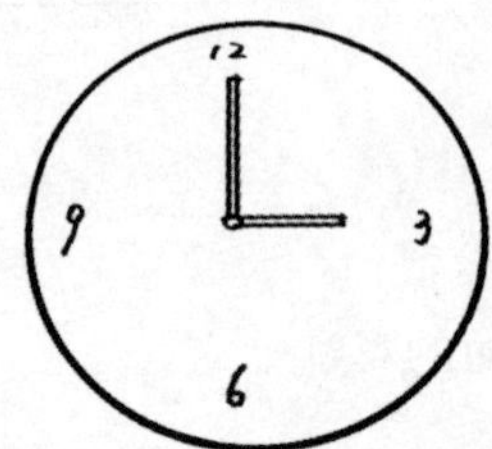

游戏步骤

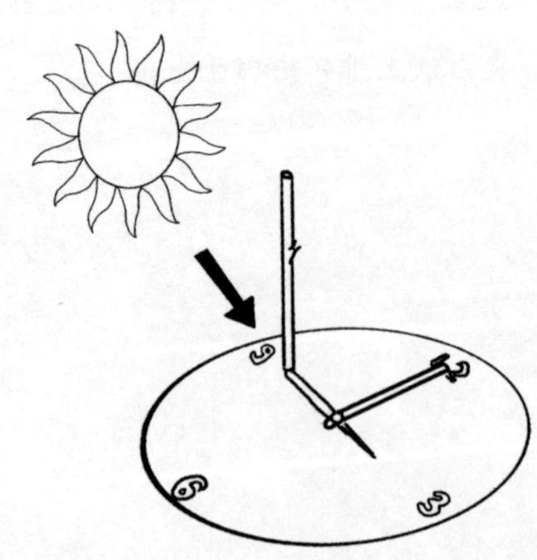

1 将时钟平放，在其短针的前端竖一根小树枝，使树枝的影子刚好与短针重叠，这时短针刚好指向太阳。

2 这时，短针与12点刻度线成角（较小的角）的二等分线就是南方。请注意在清晨6点以前和傍晚6点以后，南方则位于较大成角的二等分线方向上。

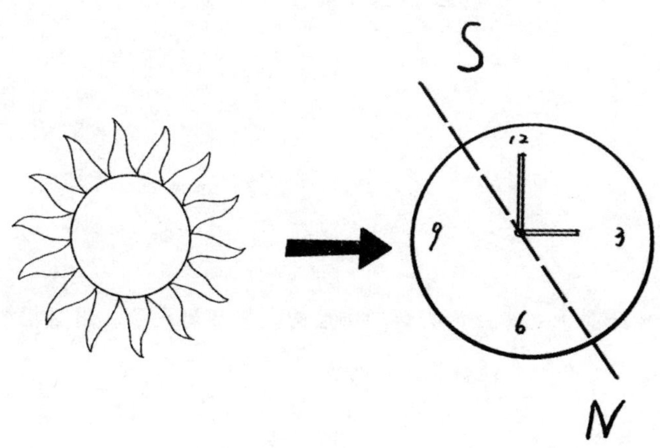

游戏中的科学

地球24小时自转一周，所以太阳相对于地球每小时向西移动15度。时钟上的时针是12小时转一圈，即每小时移动30度，比太阳的移动快了一倍。所以在估测方向的时候，将时钟平放，把时针对准太阳，时针与12时刻度线的夹角的二等分线所指的才是南方。中国大部分地区位于北回归线以北，正午12点时，太阳在正南方。以上午9点钟为例，此时太阳还未移到正南，只移动到东偏南45度的位置。这时将时钟上9点的时针指向太阳的方向（即东偏南45度），那么时钟上12点的刻度相应地向南移动，指向南偏西45度。这样，时针与12点刻度所成角的二等分线就指向正南方。

蜡烛熄灭了

明明只是倒了一些白色的烟，蜡烛的火焰却熄灭了。用这招把生日蛋糕的蜡烛熄灭，一定会让孩子乐不可支。

准备材料

1.一支蜡烛

2.一只杯子、少量的水

3.一小块干冰

游戏步骤

1 点燃一支蜡烛，将它放在盘子上。

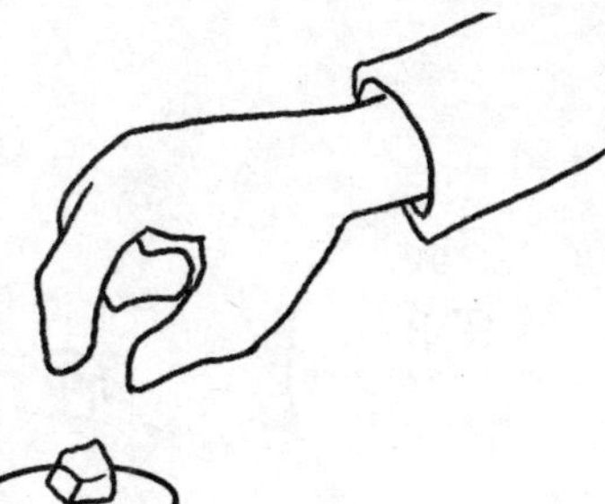

2 拿一只杯子，装入少量的水，丢入一小块干冰。

（注意不能用手直接触摸干冰。）

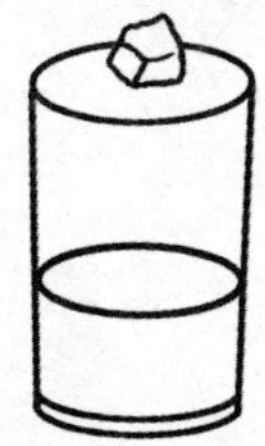

3 将杯子里产生的白烟倒在火焰上。

（小心！别烫着。）

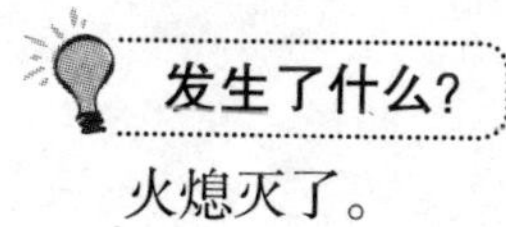

发生了什么？

火熄灭了。

游戏中的科学

干冰释放的二氧化碳气体密度大于空气，所以，当杯子倾斜时，二氧化碳就会流出。烛火被二氧化碳包围起来了，空气中的氧气无法接近，火焰就会因氧气不足而熄灭了。其实，有些灭火器就是通过喷出二氧化碳来覆盖燃烧物，从而达到灭火的目的。没有干冰时，将小苏打（碳酸氢钠）放入杯中，再倒些醋，也可以产生二氧化碳。

硬币浮现在纸面上

注意看着，摩擦白纸……啊，硬币浮现出来了。

准备材料

1.一张白纸

2.一枚硬币

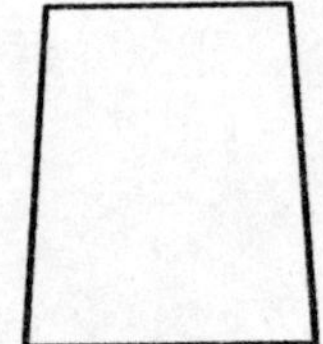

游戏步骤

1 找一张白纸和一枚硬币，将硬币藏在白纸之下。

2 用铅笔在放有硬币的位置摩擦。

发生了什么？

不一会儿，硬币的图案就浮现在纸上了。

游戏中的科学

硬币上的图案和文字很立体。用铅笔摩擦蒙在硬币上的白纸，硬币上凹陷的部分，会使它上面的纸与铅笔的接触力量减弱，所以画出的颜色相对浅淡；而凸出部分则可以增强纸与铅笔的接触力，因此可以清楚地拓下硬币的图案。凸版印刷用的就是这个原理。把文字刻在印板上，再用墨辊涂上油墨，由于印板上的图文部分远高于非图文部分，所以只有图文部分能着上墨。最后把纸压在油墨未干的印板上，就印出文字来了。

西红柿电池

将一把铜钥匙和一把铁叉子插在同一个西红柿里，再把钥匙和叉子都接到小灯泡上，小灯泡竟然亮了！

准备材料

1.一个西红柿、一个小灯泡，

2.一把铜质的钥匙、一把铁质的叉子

游戏步骤

1 将西红柿捏软。

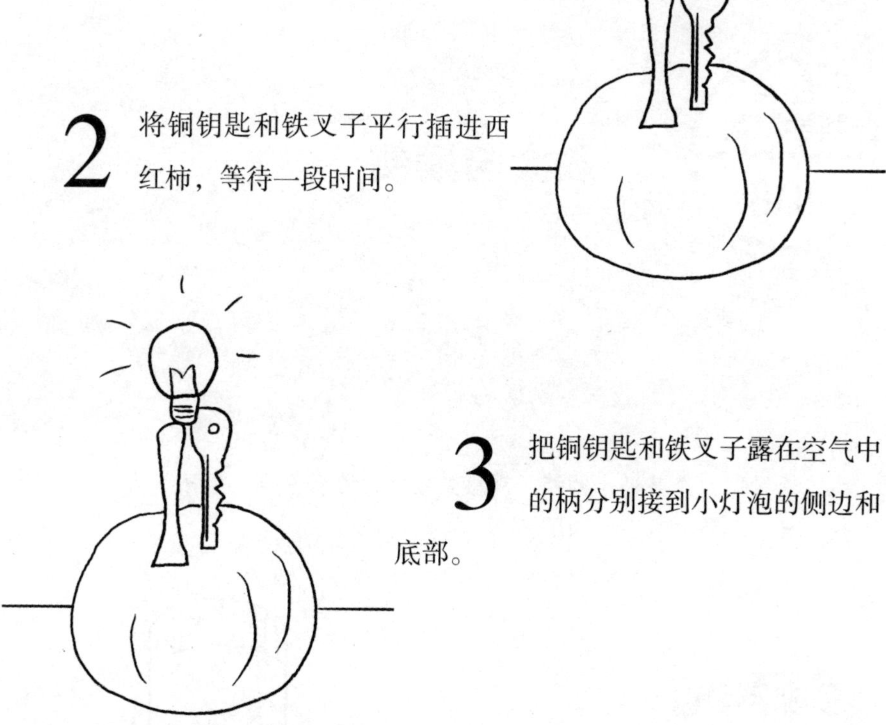

2 将铜钥匙和铁叉子平行插进西红柿，等待一段时间。

3 把铜钥匙和铁叉子露在空气中的柄分别接到小灯泡的侧边和底部。

发生了什么？

在没有接通任何电源的情况下，小灯泡竟然亮了！

游戏中的科学

在电解液中，只要放入两种不同的金属，就能形成电池。西红柿的汁液可以说就是一种电解液，铜钥匙和铁叉则是两种金属。把钥匙和叉子插进西红柿，就组成了电池，再连上小灯泡，构成了一个简单的电路，小灯泡就亮了起来。将西红柿捏软是为了增强电解液的活性，从而形成持续的电流。还可以将两个或两个以上的西红柿串联起来，电流会更强，小灯泡会更亮！其他的蔬菜如土豆，以及水果如苹果、橙子、柠檬等，也能做这个实验。

放大与颠倒

透过同一个装满水的瓶子观察景物时，为什么会一下子变大，一下子颠倒呢？

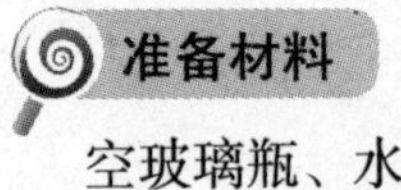

准备材料

空玻璃瓶、水

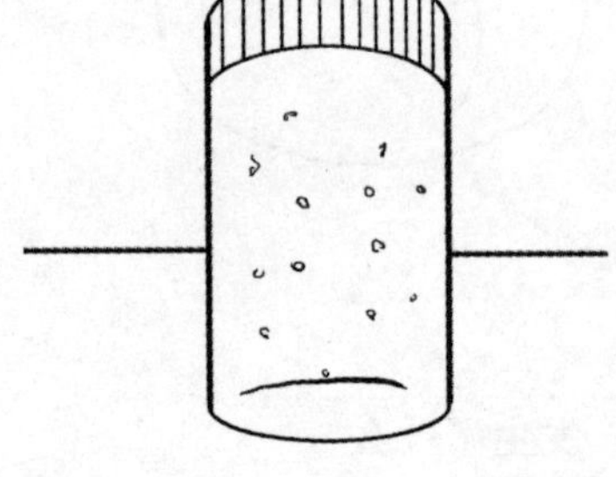

游戏步骤

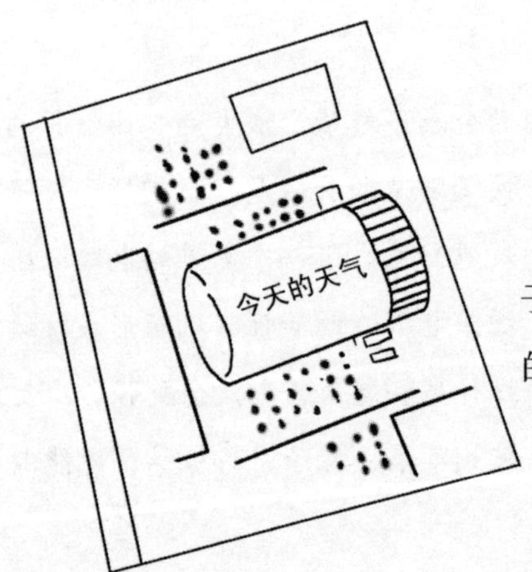

1 把装果酱或速溶咖啡等的空玻璃瓶装满水，盖上盖子。透过瓶子看报纸，会发现报纸上的文字变大了。

2 再透过这个瓶子看看远处，看到的景物竟然是上下颠倒的。

游戏中的科学

圆筒状的玻璃瓶装满水后，在一定距离内相当于一个凸透镜。如左图所示，当物体位于焦点内侧时，看到的就是放大后的虚像；当物体位于焦点的外侧时，看到的则是上下颠倒的实像。因此，既可以用这个瓶子放大报纸上的文字，也可以通过它看到上下颠倒的远处风景。另外，实验中，在看远处时，瓶子若是直立的，看到的景物就是左右颠倒的；如果瓶子是水平的，看到的景物就是上下颠倒的。试试看吧，记得把瓶盖盖紧。

美丽的喷雾彩虹

相信小朋友们都很喜欢看彩虹，下面就教大家制作美丽的喷雾彩虹吧！

准备材料

喷壶、水

游戏步骤

1 把水装进喷壶里。晴天时，背对着太阳站立，用喷壶喷出水雾。

2 水雾所到之处都能看到美丽的彩虹！

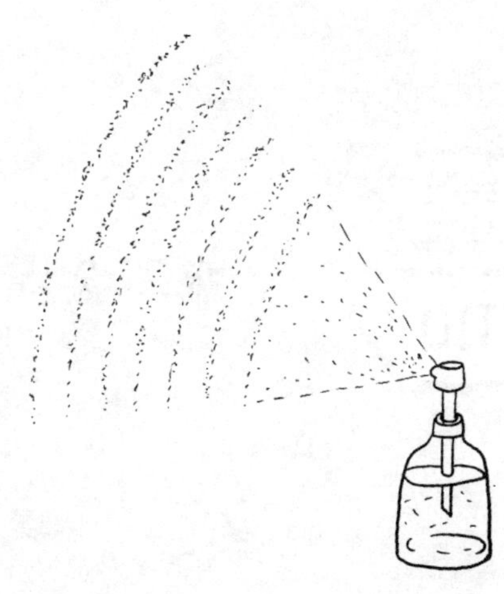

游戏中的科学

水雾是由许多微小的球形水滴集聚而成的。太阳光（平行光线）进入水滴内的光线会经过折射、反射、再折射，才被我们看到。水对光的折射率因光的波长不同而有所不同，各色光被小水滴折射出的方向也就各不相同，因而会析出红、橙、黄、绿、蓝、靛、紫7种颜色，也就是一般所称的彩虹。紫色光的折射角度比红色光小，由于色光在小水滴内被反射，我们看到的光谱是倒过来的，所以红色光在上，渐次往紫色光变化。

水不会溢出

当我们进入装满水的浴缸洗澡时，浴缸里的水会溢出来，这些水的体积刚好与我们身体浸入水中的体积相同。但是你可以不断往装满水的杯中放入回形针，水完全不会溢出来哦。

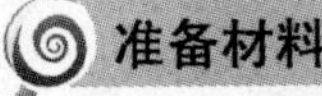

准备材料

1.30–50个回形针

2.装满水的玻璃杯

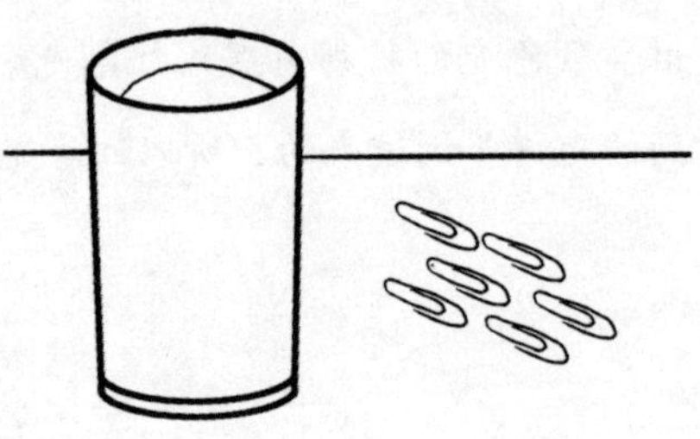

游戏步骤

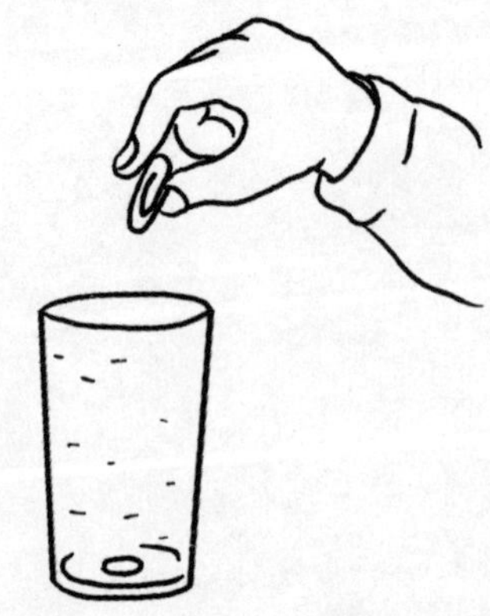

1 将回形针一个一个放入装满水的玻璃杯中。

2 第10个、第20个……不断放入回形针。

发生了什么？

即使放进去所有的回形针，玻璃杯中的水也不会溢出。

游戏中的科学

将回形针放入水中时，水面本该因为回形针占用了体积而上升。但由于水的表面张力非常大，所以，水面即使像山一样隆起，水一样不会溢出。水的表面张力很大，即使放入许多回形针，水面也只是隆起而已。

用牛奶盒做直升机

只要有牛奶盒和卫生筷，就可以做成一架在空中飞翔的直升机。

准备材料

1.空的牛奶盒

2.一根卫生筷

游戏步骤

1 从牛奶盒上剪下两片宽3厘米，长20厘米的纸片，交叠成十字后，用订书机钉住，做成机翼，并在机翼前端缠上胶带。

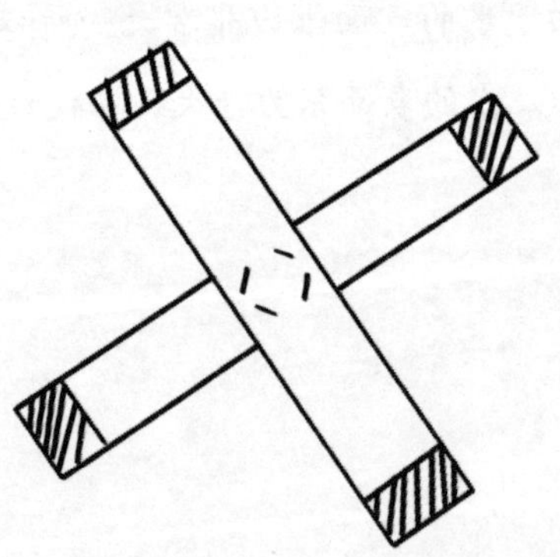

2 在十字机翼的中心打一个洞，插入一根卫生筷，用透明胶带固定。如右图所示将十字机翼靠近交叉点的地方沿纸片的交叠线剪开，稍稍折压机翼使其中央略微向上凸起。

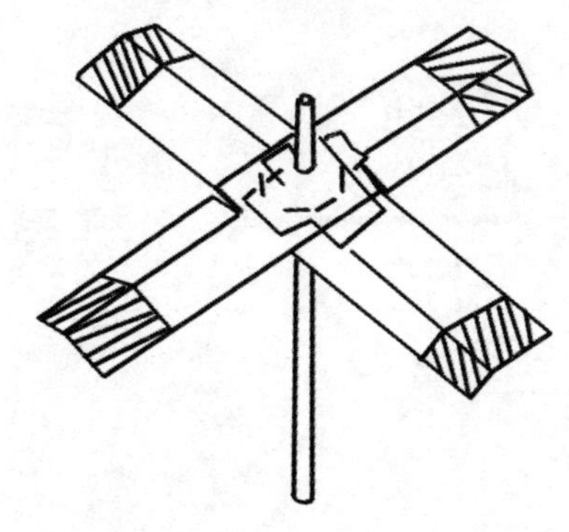

3 用双手合掌夹住卫生筷，迅速搓手心使筷子旋转，放开“直升机”，“直升机”立刻就会飞向空中。（由于有一定的重量，“直升机”可能无法向上飞。所以尽可能在高处放开“直升机”，这样就可以看到它在空中飞行。）

发生了什么？

牛奶盒在空中飞行一段时间后才慢慢地落下来。

游戏中的科学

“直升机”的机翼中央略微向上凸起，因此旋转时机翼上方的空气流速较快，气压较低（伯努利定理），机翼下方的大气压力就会给它一个向上的力量，让它浮在空中。传统的竹蜻蜓也是利用这一原理制作的。

简易复印术

画册上精美的图画，让我们看起来爱不释手。小朋友们想不想把它从书上“搬”到自己的纸上呢？来做下面的游戏，你就能够做到把图画“搬”下来。

准备材料

1.洗涤剂、松节油、水

2.一张带图片的报纸、一张白纸

3.汤匙和一小片海绵

游戏步骤

1 把两勺水、一勺松节油和一勺洗涤剂掺和在一起，搅拌均匀。

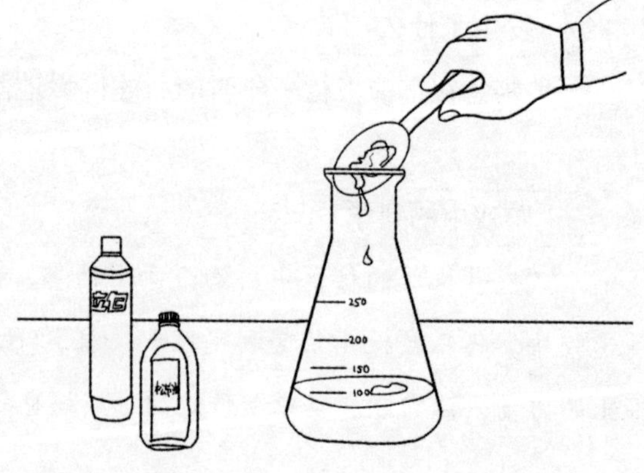

2 将带图片的报纸平摊在桌面上，然后用海绵蘸着搅拌好的溶液均匀地涂在报纸表面。

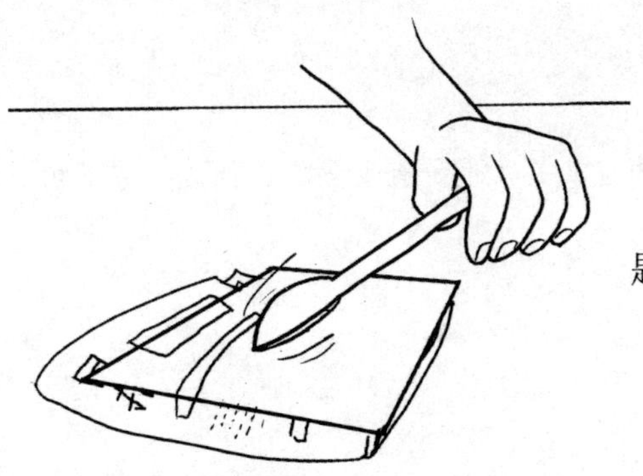

3 将白纸平铺在涂过溶液的报纸表面，然后用汤匙在纸上使劲摩擦。

发生了什么?

摩擦的过程中，可以明显地看到报纸上的图片渐渐地在白纸上呈现出来。

游戏中的科学

松节油和洗涤剂掺和以后，变成了一种乳剂，它能够透进已经干了的印色和印油的微粒之中，使它们变成液体。这样就便于我们复制了。不过，画报上的有光泽的图像很难复制下来，因为上面蒙有一层不容易被溶解的蜡。

气体的重量

小朋友们，围绕在我们身边的空气其实也是有重量的。什么？你不相信？那就来玩下面的这个游戏吧！

准备材料

1.一根长约50厘米的小木条、一个图钉

2. 两个塑料薄膜口袋

3.一只玻璃杯、小苏打和醋

游戏步骤

1 将两个塑料薄膜口袋分别挂在小木头的两端。然后把图钉钉在小木条的正中间，做成一个简易的天平。

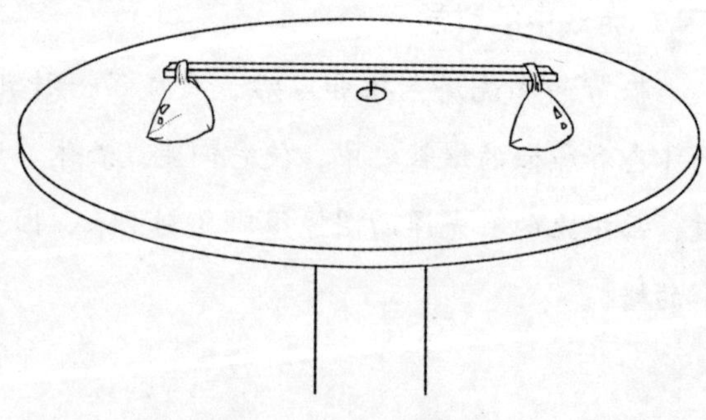

2 把一匙苏打放进玻璃杯，再倒一点醋，杯中立即出现泡沫。

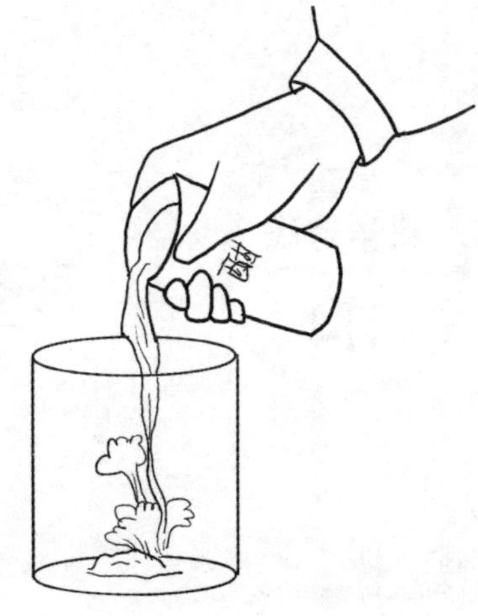

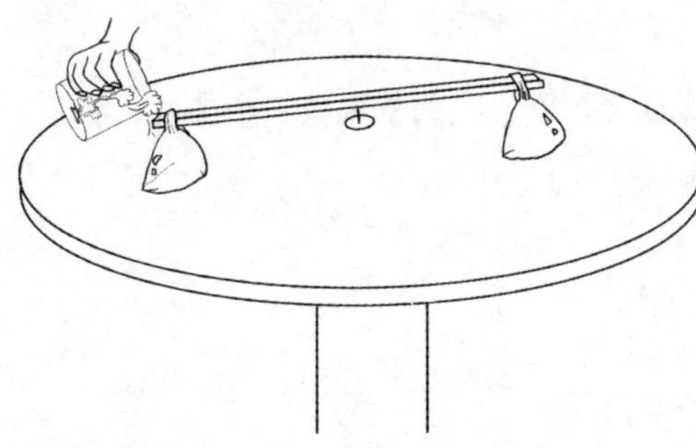

3 把杯子向一只塑料袋开口处倾斜，但是别让杯中的液体流进口袋。

发生了什么?

原本两边平衡的天平，竟然向一端倾斜。

游戏中的科学

苏打和醋在玻璃杯中发生了化学反应，产生了大量二氧化碳。二氧化碳比空气重，所以在靠近塑料袋开口时能像水一样向里面倾注，从而使有二氧化碳的口袋重量增加，两边重量平衡被打破，天平自然也就倾斜了。

完美的食盐晶体

也许小朋友们对晶体没有什么概念，下面我们就来做一个实验，相信当你看到四方形晶体时，一定会感到惊讶的。

准备材料

一杯水、食盐、一个浅盘

游戏步骤

1 往准备好的一杯水中加入食盐，直到食盐无法继续溶解。这样就做成了一杯饱和食盐水。

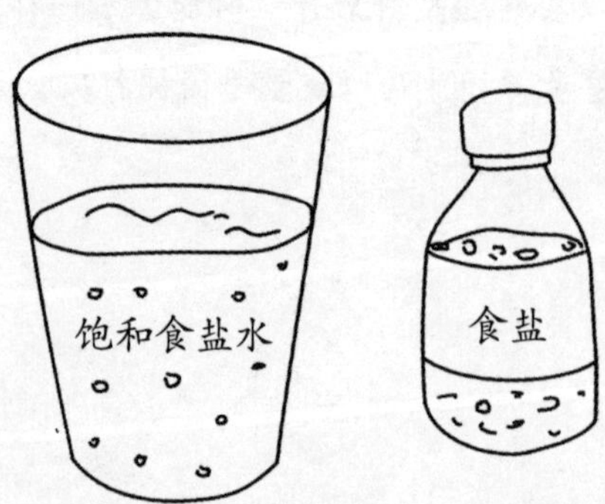

2 把饱和食盐水倒入一个浅盘里，放置大约一星期。

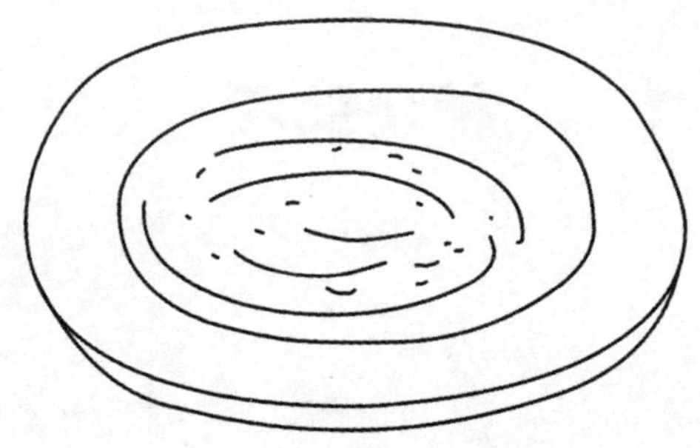

发生了什么?

几天之后，盐水逐渐蒸发，你会看到盘子里析出了四方形的食盐晶体。这些晶体没有经过任何切割，却都有着完美的直角，真是不可思议。

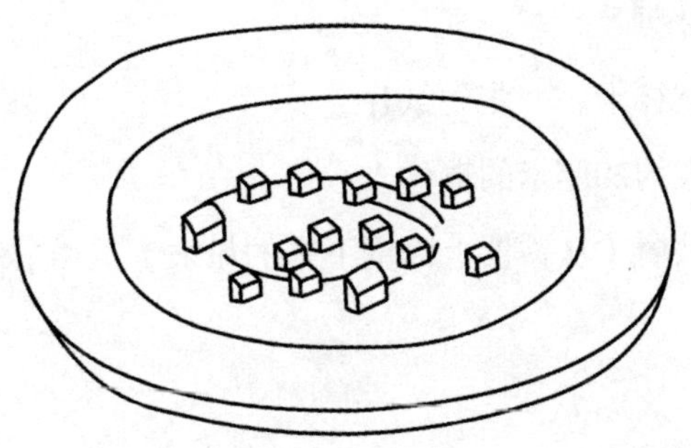

游戏中的科学

虽然水会蒸发，可是溶于水中的食盐却无法全部跟着水被蒸发到空气中，于是就形成了晶体。构成食盐晶体的是由氯原子和钠原子排列而成的一种“面心立方晶格”构造，这种晶体构造有着完美的直角。

神秘的圈

平时我们看到的铁屑都是散成一片或者堆成一堆，下面我们变个魔术，让这些不听话的铁屑排队站成一个圆圈，你也亲自动手做一下吧！

准备材料

1.两个空杯子、一张硬纸片

2.长度大约20厘米的铜丝

3.大量铁屑（从铁器上面锯下来的粉末）、一节电池

游戏步骤

1 将铜丝从硬纸板中心处穿过，然后将纸板放在两个空杯子中间蓬起。

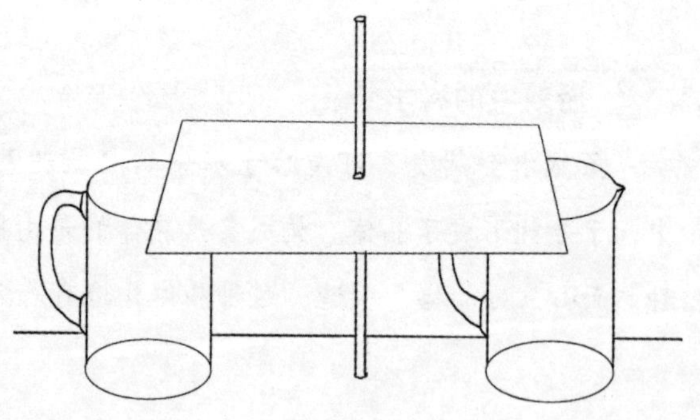

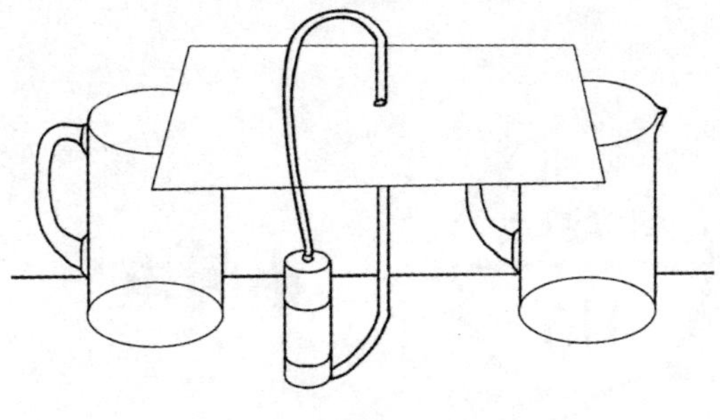

2 把铜丝两端分别与电池的正负极相连。

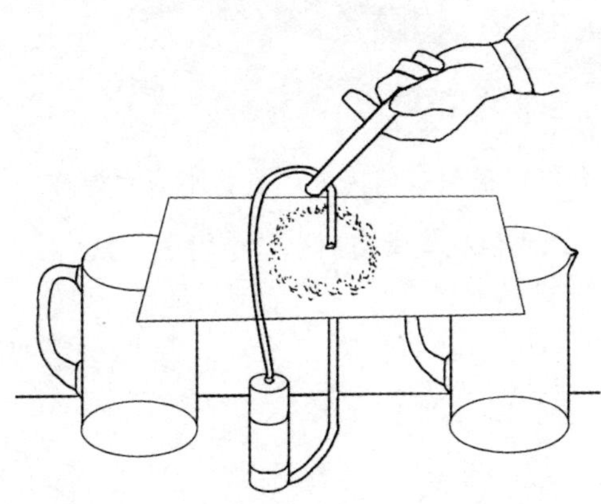

3 把铁屑撒在硬纸板上，然后轻轻敲击铜丝。

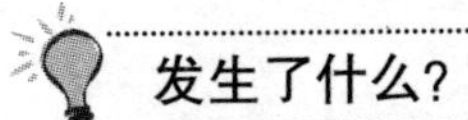

发生了什么？

原本散乱的铁屑，竟然以铜丝为圆心，排成了一个整齐的圆圈了。

游戏中的科学

导线或其他导体通过直流电的时候，它的周围就产生了磁场。因此，铜丝在通电的时候就变成了一个磁体而带有一定的磁性。小朋友们都知道，磁体周围都分布有磁场线，因此，铁屑就会按照磁场线的分布而排列。而通电的铜丝是垂直于硬纸板的，所有四周都有磁场线分布，铁屑当然就排成一个圆圈了。

小闪电

每当夏天打雷下雨时，夜空都会出现很刺眼的闪电。有些小朋友就会吓得钻进屋子里。其实闪电并不可怕，我们也能做出一个“小闪电”呢！

准备材料

1.干燥的玻璃杯

2.一只铝制的铲子

3.硬泡沫塑料

游戏步骤

1 将干燥的玻璃杯倒置放在桌子上。

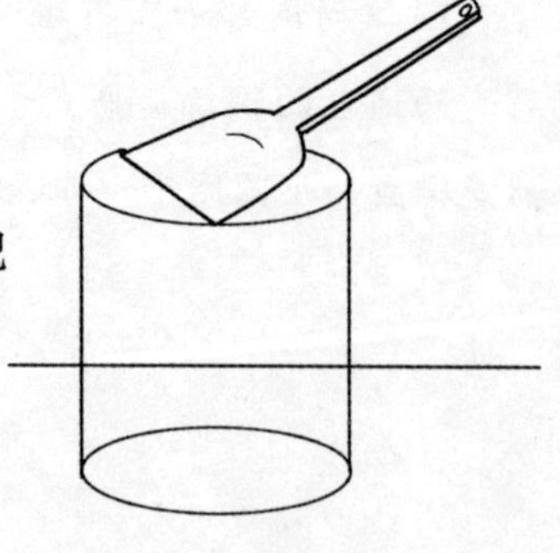

2 在杯底上放上铝制的铲子，铲子把儿朝外。

3 再把用毛衣摩擦过的硬泡沫塑料放在铲子上。

4 用手靠近铲子把儿。

发生了什么?

一道小闪电顺着铲子把儿飞向你的手指。（不用怕，这种电绝对安全。）

游戏中的科学

带有负电荷的硬泡沫塑料把负电荷传给了平铲。当手指靠近平铲柄的时候，便发生闪电。塑料容易积聚大量的电荷，所以，商店里存放塑料薄膜的金属架必须直接放在地上，否则人一靠近它，就会被电火花吓一跳。

奇怪的气流

在刮风的时候，小朋友都喜欢站在树的后面，其实这样一点也不挡风。下面这个小实验可以证明这一点。

准备材料

1.一个玻璃瓶

2.一根蜡烛

游戏步骤

1 将蜡烛点燃，固定在桌子上。

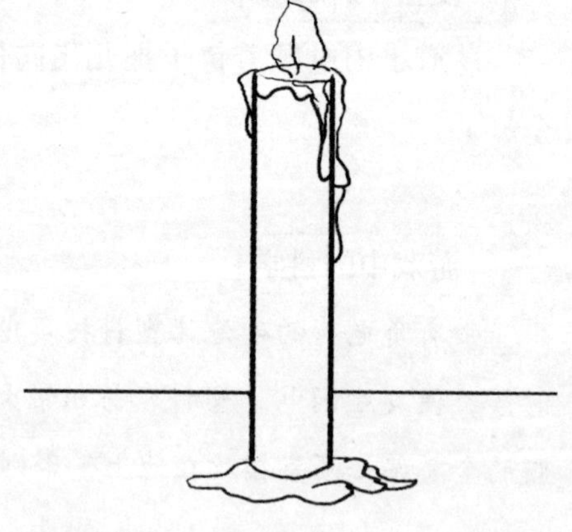

2 把玻璃瓶放在蜡烛的前面，大约5厘米处。

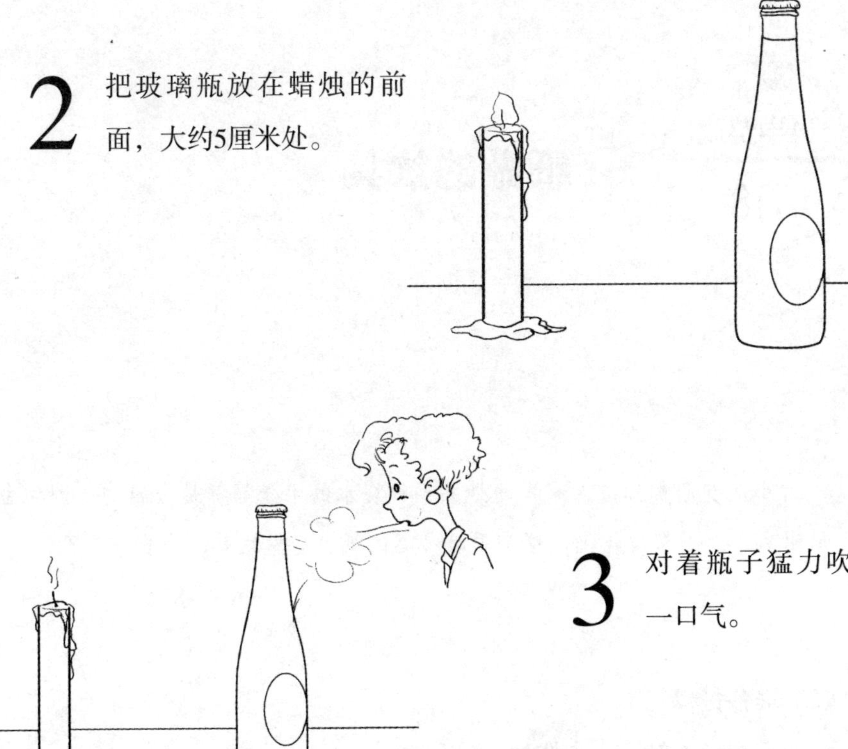

3 对着瓶子猛力吹一口气。

发生了什么?

虽然隔着玻璃瓶，蜡烛却瞬间熄灭了。

游戏中的科学

气流在遇到圆柱形物体的时候，就会被分成了两股，它们沿着瓶子的外壁迂回过去，在瓶子后面汇合，强度几乎没有减弱。这时候，出现了气流的漩涡，正是漩涡扫灭了蜡烛的火焰。

纸做的炊具

小朋友们都知道，家里的炒菜锅和烧水的水壶等都是金属的，因为金属耐高温，不易被烧化。可是平时易燃的纸也能做炊具，你相信吗？

准备材料

1.一根毛衣针、一支蜡烛

2. 两个带有软木塞的瓶子

3.一只装有半杯水的纸杯

游戏步骤

1 把一根毛衣针穿过杯口边缘，毛衣针的两头搭在两只瓶子木塞上。

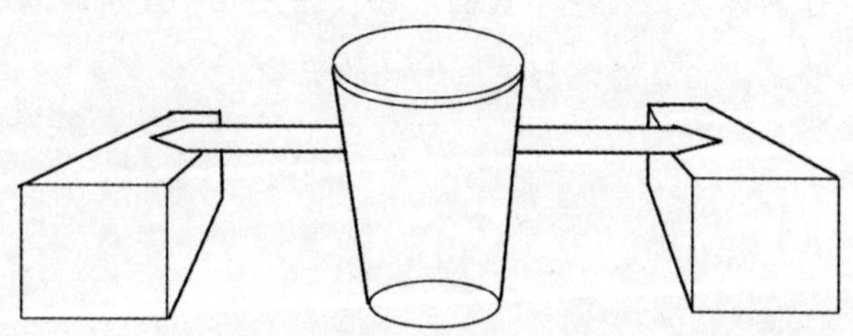

2 在纸杯下面点燃一支蜡烛。

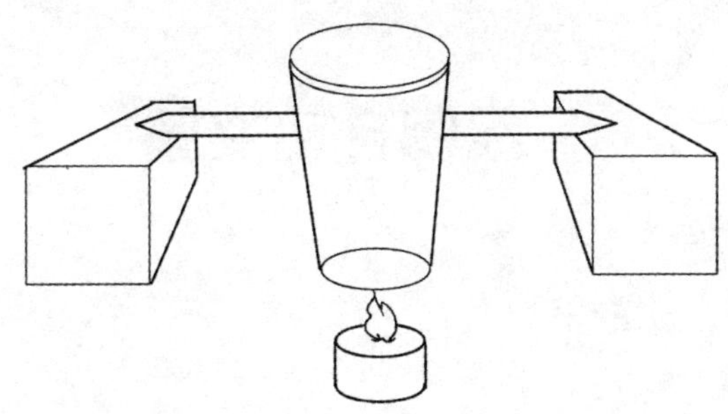

发生了什么？

过一会儿，水煮开了，而纸杯一点也没有烧焦。

游戏中的科学

蜡烛燃烧纸杯底部时，水不断吸走传到纸上的热，水温便升高了，水热到摄氏一百度开始沸腾。在正常大气压力下，水温不会再升高，因此在水蒸发干以前，纸杯就达不到燃烧的温度。

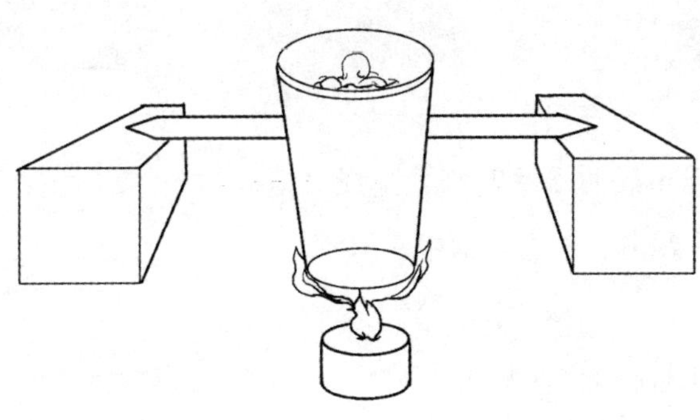

线圈自动变圆

如果把一根粗棉线围成一个圈，放在水中，它肯定会像个慵懒的人一样歪歪扭扭。你有办法使这个圈变圆吗？

准备材料

1.一根火柴、一根粗棉线

2.一盆水、一小杯肥皂水。

游戏步骤

1 将棉粗线两端系起来，形成一个线圈，放在水盆中。

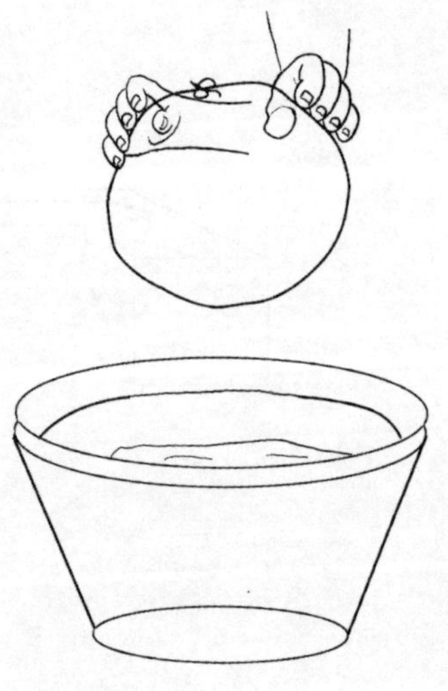

2 把火柴的一端粘上一些肥皂水，然后插进棉线圈中。

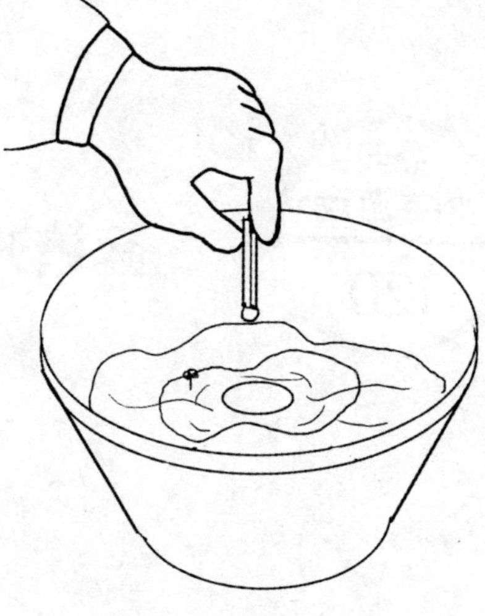

发生了什么？

棉线圈立刻自动地胀成圆形，好像是用圆规画出来的一样。

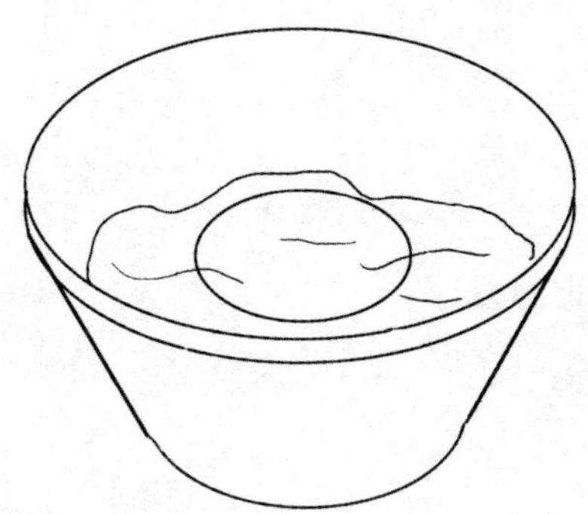

游戏中的科学

因为肥皂能够破坏水的表面张力。棉线圈内水表面的水膜一被肥皂破坏之后，便迅速地向四周张开，带动棉线向四周运动，同时因为圈外的水的表面张力仍然很大，从各个方向上拉着线圈，所以线圈马上变圆了。

睡莲开花

小朋友们见过莲花开放吧，整个莲花开放可是一个很漫长的过程。下面我们就用一个简单的魔术来展示一下这个过程吧！

准备材料

1.一张白纸、一把剪刀

2.各种颜色的蜡笔

游戏步骤

1 在白纸上用蜡笔画一朵绽放的莲花并涂上颜色。

2 用剪刀按着边线裁剪下来，成了一朵人造莲花。

3 将莲花花瓣向内折叠并且压平，然后把花放在水面上。

发生了什么？

注意观察，你会看到“睡莲”像影片中的慢动作那样，慢慢地张开了花瓣。

游戏中的科学

纸的主要成分是植物纤维，纤维就是极细小的毛细管，这种毛细管有很强的吸附力。当纸遇到水以后，水就沿着纸中的毛细管上升，使纤维胀满，整张纸就丰满起来，于是原来叠上的花瓣就因为纸的张力而张开了。

怎样测量拳头的体积

如果要你计算一本字典的体积，你不会感到困难，不就是长乘以宽乘以高嘛。可是如果要你计算一下拳头的体积，你知道该怎么办吗？

准备材料

1. 一台磅秤，一个广口玻璃瓶（容得下拳头）
2. 一个小盘子、水

游戏步骤

1 将小盘子放在磅秤上，广口玻璃瓶装满水，然后把它放在小盘子当中，称出它的重量并记录下来。

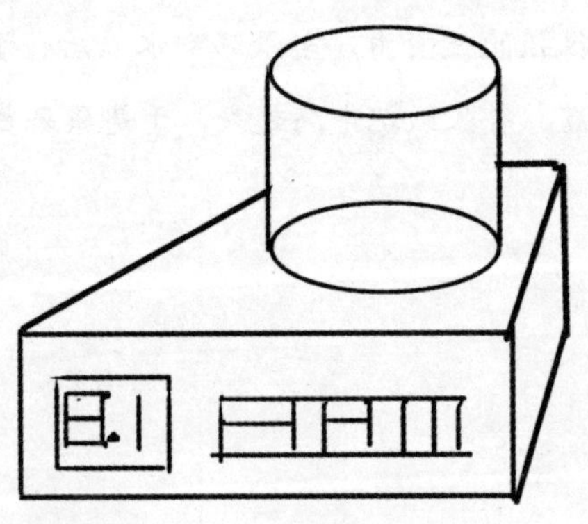

2 把你的拳头伸进广口玻璃瓶中（不要触动瓶壁）。

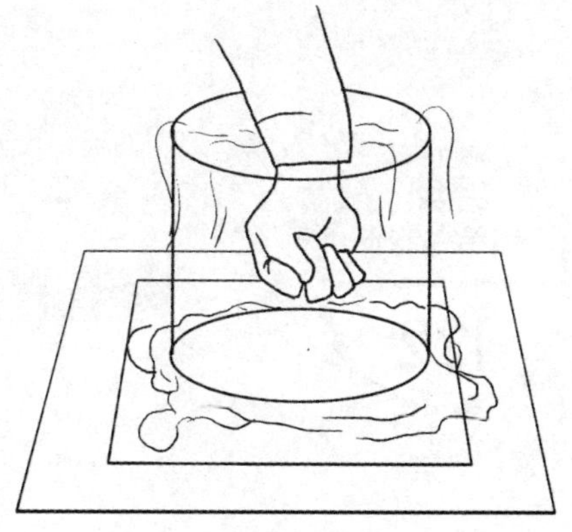

3 有一小部分的水从广口玻璃瓶中溢出来到小盘子里面。然后再称一下小盘子的重量，记录下来。

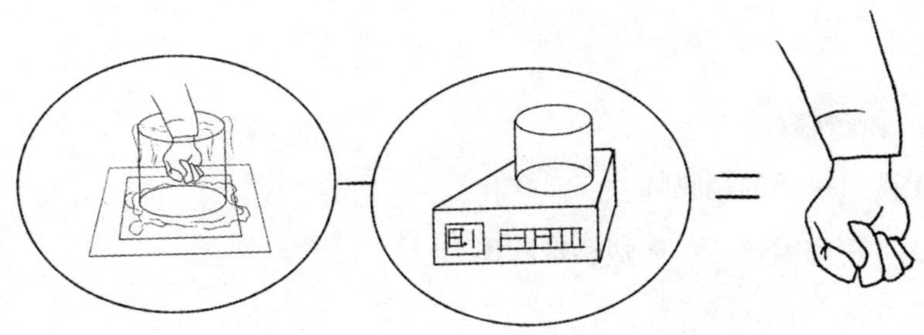

发生了什么？

将两次得到的重量相减得出的差值，就是你的拳头的体积了。

游戏中的科学

我们已经知道，物体排开的水和它本身的体积相同，这里增加的重量就是拳头排开的水的重量。一克水的体积是一立方厘米，如果拳头浸入水中，排出的水的重量增加了300克，那么拳头的体积也就是300立方厘米。

声音的传递

声音来无踪去无影，看不见也捉不着。小朋友们想不想看一下它们的“踪迹”啊？那么，就请来做一下这个游戏吧。

准备材料

1.两只一样的高脚杯

2.一根细铜丝、一根塑料橡胶棒

游戏步骤

1 将两只高脚杯分别加入半杯水，然后距离5厘米依次放开。

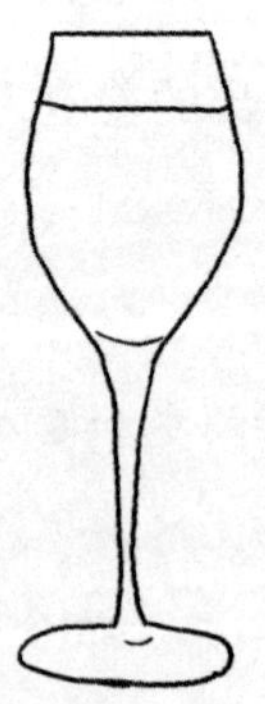

2 把细铜丝放在其中一个高脚杯里。

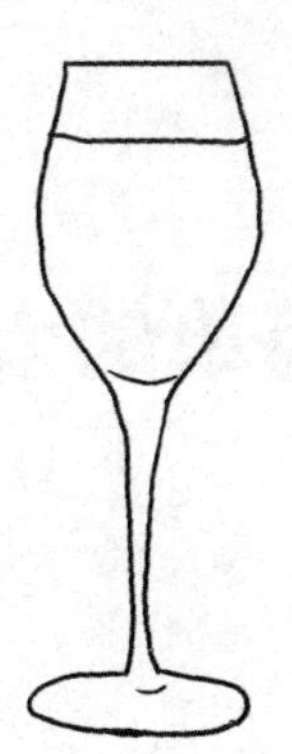

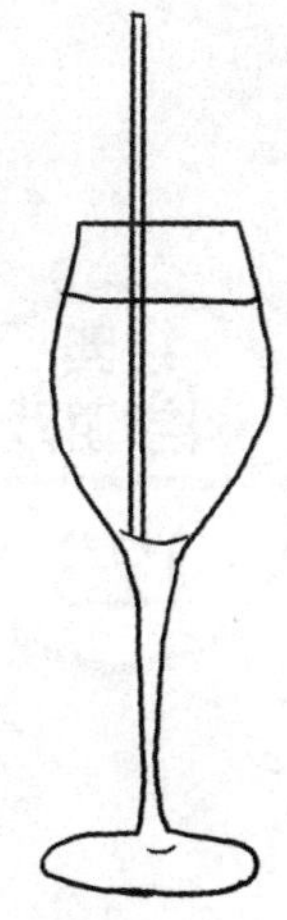

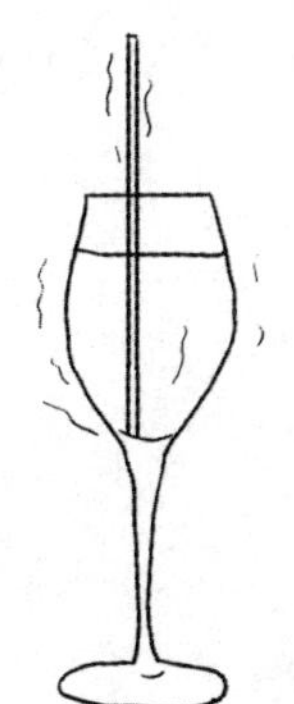

3 然后用塑料橡胶棒敲击另外一个高脚杯。

发生了什么？

即使没有去碰那个放铜丝的高脚杯，它里面的水也在震动，并且上面的铜丝也在不停地颤抖。

游戏中的科学

原来，声音是能传播的。当第一只杯子振动时，通过空气形成的声波，传递给第二只杯子。不过，这种共振只能在两个振动频率相同的杯子间发生。如果没有发生共振，就需要调节第二只杯子的水量和距离了。

最简单的太阳灶

小朋友们见过太阳灶吗？一个类似于卫星天线的大锅，把一锅大米往上面的坐盘一放，不多时就能做成一锅香喷喷的米饭了。下面我们也来做一个简易的太阳灶吧！

准备材料

1.一个大汤碗、一个汤勺

2.锡箔纸和一个带塑料吸盘的衣架

3.一个土豆

游戏步骤

1 用锡箔纸贴满碗的内壁，再用汤勺的背面把锡箔纸的折皱压平。碗底部中心撕去一块锡箔。

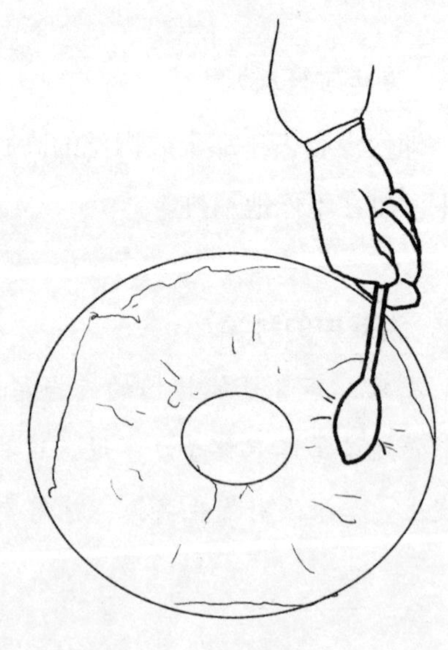

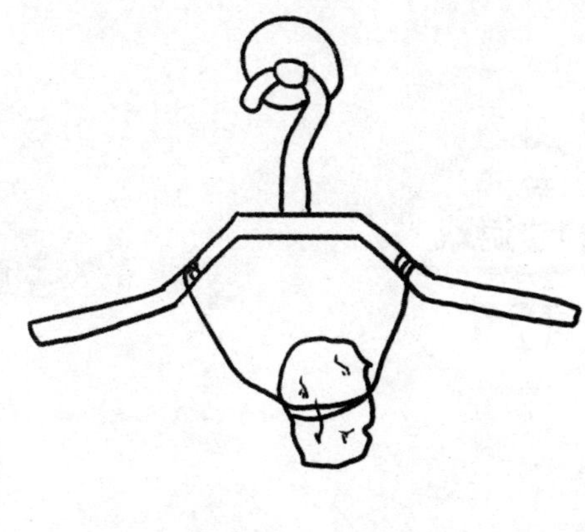

2 把土豆挂在带有塑料吸盘的衣架上，将衣架悬挂在碗上方。

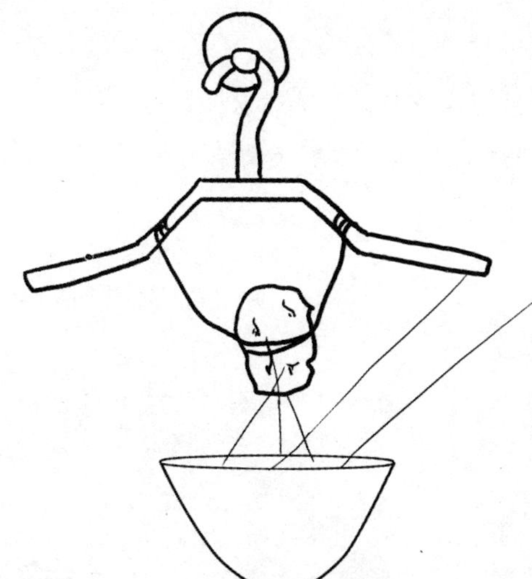

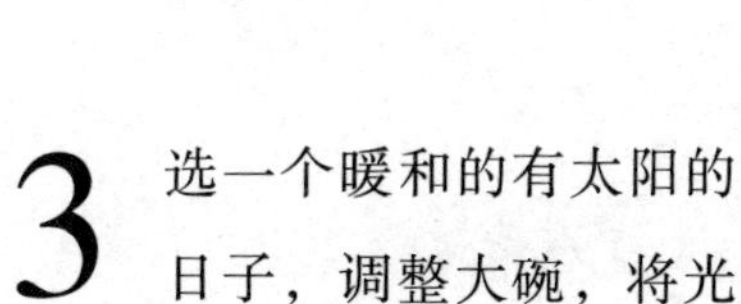

3 选一个暖和的有太阳的日子，调整大碗，将光聚在挂在衣架上面的土豆上。

发生了什么？

过了一段时间，你会发现土豆慢慢变熟了。

游戏中的科学

太阳光是一种能量，是有温度的。用巨型的凹面镜可以制成太阳能高温炉，聚焦温度能高达摄氏三四千度。热带国家适宜用太阳灶来煮食物。阳光强、晴朗天气多的地方，适合建立太阳能发电站。

背景造成的错觉

这幅图上有两个图案，两个图案的中心各有一个圆，请你仔细观察一下，哪个圆大？许多人以为是右边那个中心圆大。实际上两个圆一样大。

1.一张白纸

2.一支黑色蜡笔

游戏步骤

1 把白纸折成左右两侧。

2 在一侧画上6个大白点围着中间的1个小白点，另一侧画上6个小白点围着中间的一个大白点（切记左右两侧中间的两个白点一样大）。

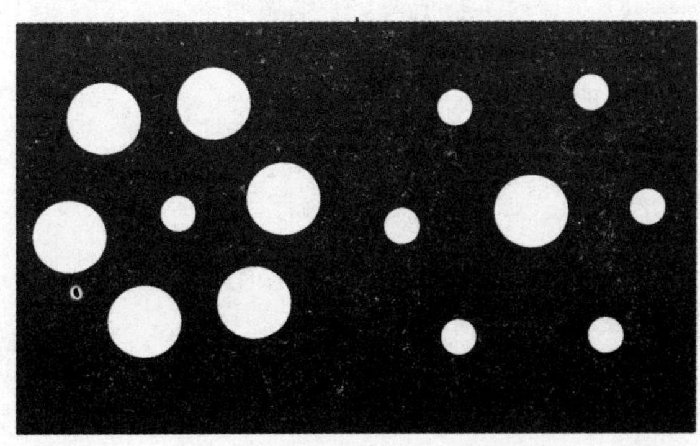

发生了什么?

我们下意识地认为右边的那个白点比左边的大，其实一样大。

游戏中的科学

我们在比较两个中心圆的时候往往不自觉地把周围的圆跟中心圆一起对照，这样便产生错觉，以为右边的中心圆比较大，因为它周围的圆比较小。在观察月亮的时候，我们也有类似的幻觉。当月亮在地平线上刚刚出现的时候，背景是房屋、树木、大地，我们觉得月亮大。当月亮升上高空的时候，背景是广阔的天空，我们就觉得它变小了。

水的电解

小朋友们，注意到我们平时喝的水了吗？其实，它也是由一些物质构成的，只是我们平时不易将它们分离出来，来做下面的实验，让我们看下水到底是怎么构成的。

准备材料

1. 两支试管、两节1.5伏干电池
2. 一只广口玻璃瓶、两小片铝片
3.一些导线、食盐、醋。

游戏步骤

1 在广口瓶中装大半瓶水，加半小勺食盐进行搅拌使盐溶解。

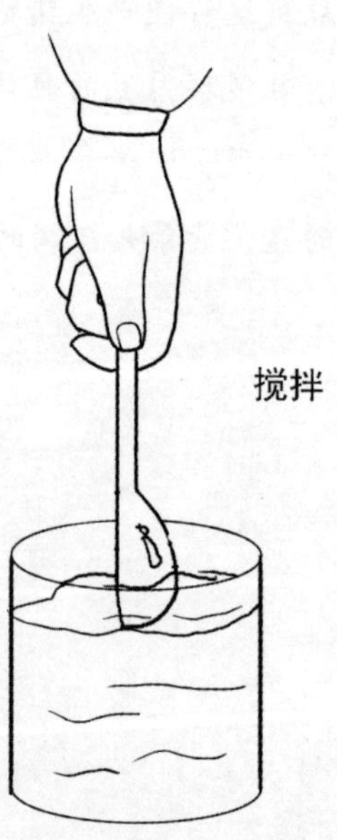

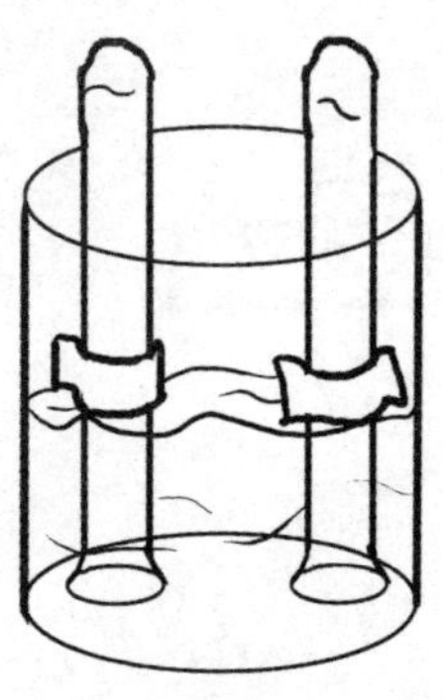

2 把两支试管充满水后，用手指按住倒放在水中，并用胶布把试管固定在广口瓶口上。

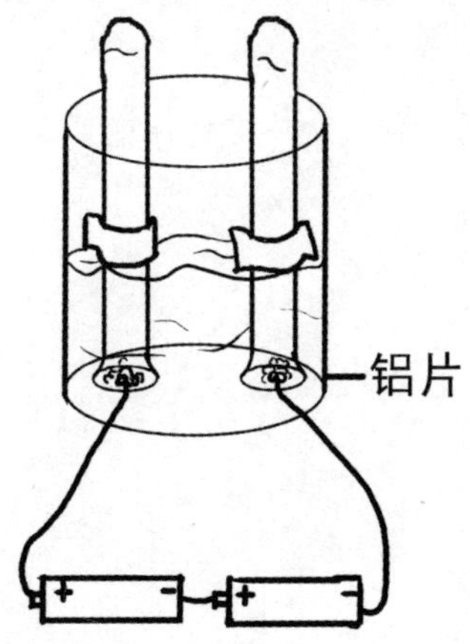

3 再用一条短导线把两节干电池串接起来。另用两根导线分别接在电池串联后的正负极上。

4 这两根导线的另两端绑两块小铝片，并浸入水中分别置于两个试管口内。

发生了什么？

电源接通以后，注意看两块铝片上，有小气泡冒出来，同时不断地把试管里的水排出。加点醋在水中，气泡会冒得快些。

游戏中的科学

这是一个简单的电解水的过程。其实水是由氢和氧构成的，在平常条件下它们结合后是以液态存在的。在直流电作用下，它们会发生化合反应，不断地分解成氢气和氧气。气体的密度小于液体，它们就形成气泡不断从水中冒出来了。这里加醋是为了更好地导电。

神秘的火焰

你认为火焰的中心是温度最高的地方吗？用一张纸和一支蜡烛就可以得到答案。

准备材料

1.一张纸

2. 一支蜡烛

游戏步骤

1 点燃蜡烛，固定在桌子上。

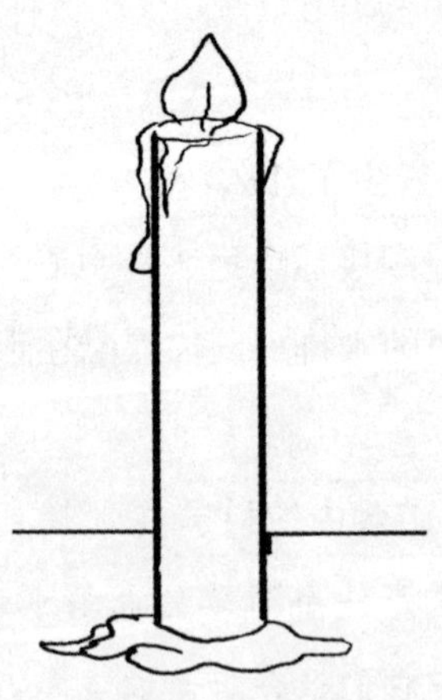

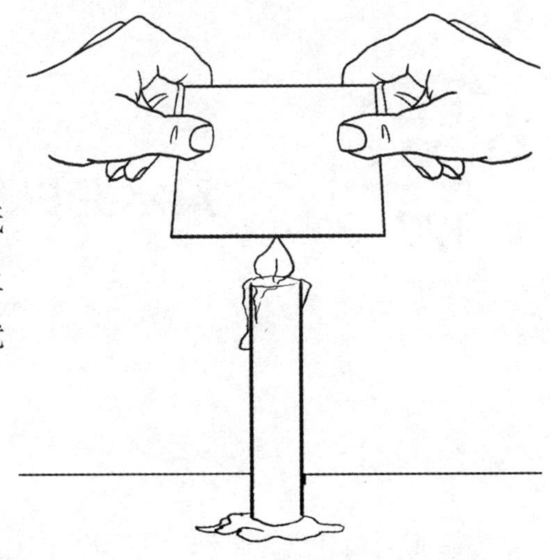

2平拿着纸，迅速地把纸沿水平方向移到烛芯上面约6毫米处。纸一开始烧焦就马上把它拿开。

发生了什么?

火焰会在纸上形成一个很清晰的中间无焦斑的圆圈。这说明烛芯上面恰好是温度不算太高的地方。

游戏中的科学

其实蜡烛像地壳一样，也分为好几层呢？分别为焰心、内焰和外焰，火焰温度由内向外依次增高。这是因为蜡烛火焰的外围直接从空气中吸收氧气，燃烧得比较充分，所以温度比较高。而火焰中心得不到足够的氧气，温度就比较低。

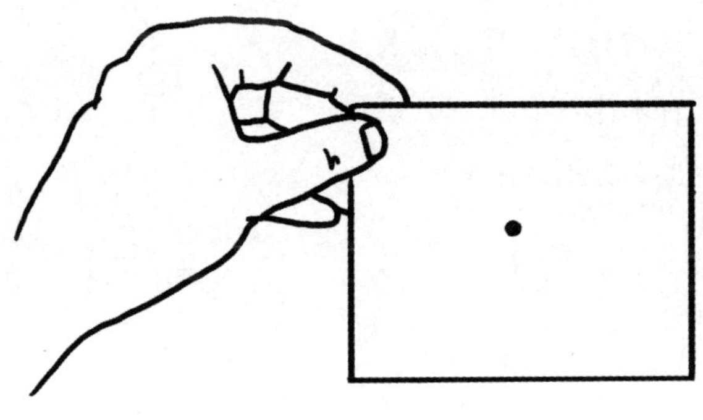

清水变白水

一杯清澈见底的清水，吹一口气，竟然瞬间变得浑浊起来。这是什么魔术呢？

准备材料

1. 两只玻璃杯，石灰水
2. 两根蜡管或麦管

游戏步骤

1 将两只玻璃杯分别装入自来水和石灰水，然后等待一段时间，让石灰水澄清。

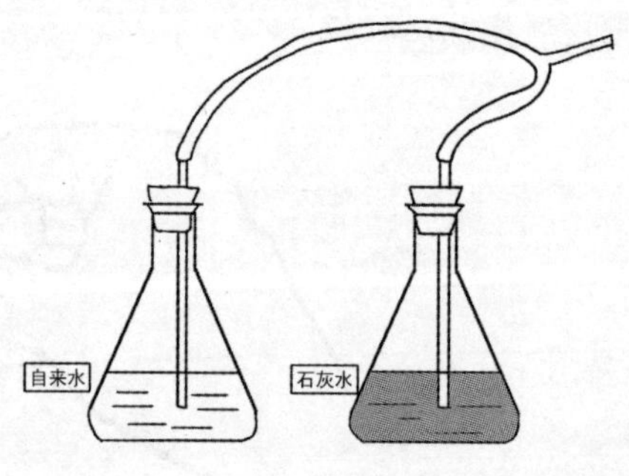

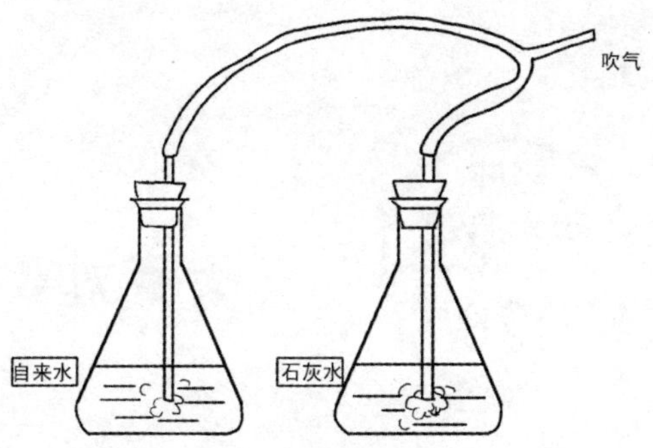

2 分别用蜡管（或麦管）插进石灰水里和清水中吹气。

发生了什么？

不多一会儿，石灰水会变成牛奶一样的乳白色。而在清水中吹泡，就什么反应都没有。

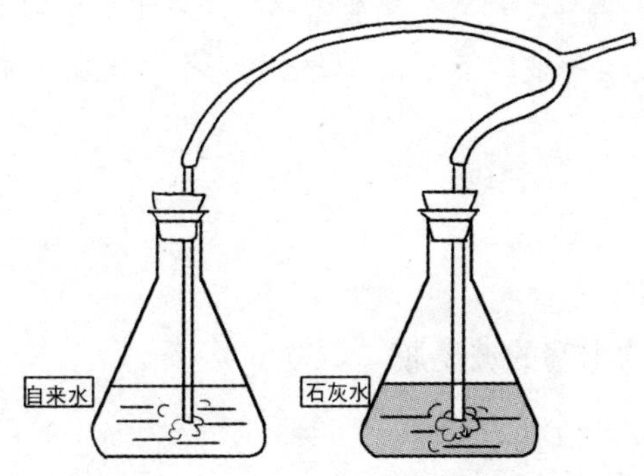

游戏中的科学

因为人体呼出的废气的主要成分是二氧化碳，它与石灰水起化学变化，形成白色碳酸钙沉淀，使石灰水变成乳白色，自然看起来水就成了白色的了。

大豆炸弹

哈哈，没听说过吧，大豆也能变成炸弹！不过不要怕，这种炸弹可是一点伤害力都没有的哦。下面我们就自制一个“大豆炸弹”吧！

准备材料

1.一个带有软木塞的玻璃瓶

2.一些大豆、一个大纸袋

游戏步骤

1 在一个瓶子里放满大豆，倒进水，用软木塞盖紧。

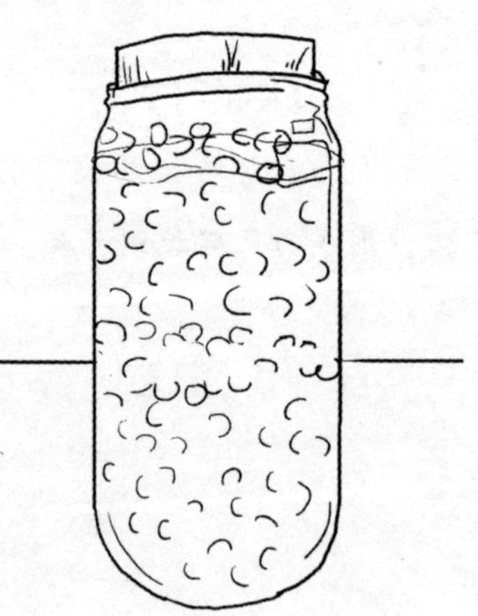

2 把瓶子放进一个大纸袋里，把袋口折叠起来，然后把纸袋放在一个安全温暖的地方，让瓶子直立。

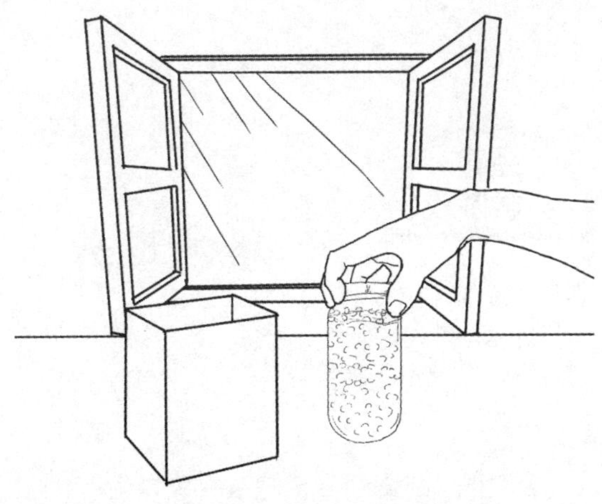

3 大约四天之后，再小心地打开纸袋。

发生了什么？

玻璃瓶的软木塞被黄豆“炸”开了。

游戏中的科学

干的种子在水中吸水膨胀，能产生相当大的力，这个力向瓶子四面八方推动，当然也推向软木塞，直到把塞子弹开。种子的这种力量甚至能使坚硬的岩石裂开。如果你的铝制水壶摔扁了，可以用这个办法让它复原。

难舍难分

两本书摞在一起，你可以轻易地将它们分开。但是，按照下面的方法做了以后，即使使出全身力气，你也难以将它们分开。不信就试试看吧！

准备材料

两本比较厚的书

游戏步骤

1 将两本书一次翻开，一页夹着一页相互对插，对插的书页越多越好。

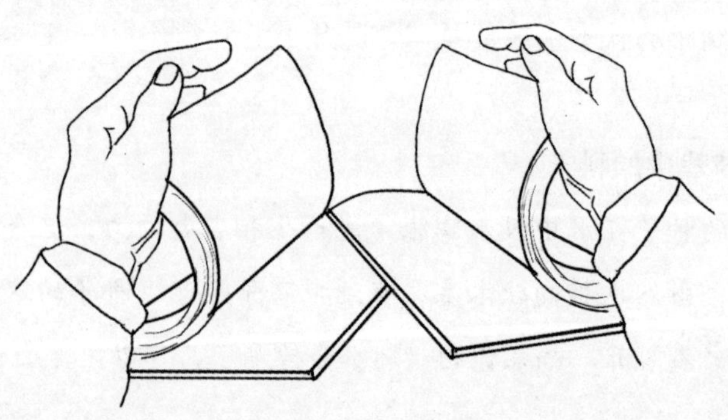

2 然后请一位同学用双手抓住一本书，你也用双手抓住另一本书。现在你们用力拉吧。

发生了什么?

你们会发现，无论如何使力，这两本书都很难被拉开。

游戏中的科学

这就是神奇的摩擦力。这是由于书页与书页之间存在着摩擦力，虽然这种摩擦力并不大，但是由于对插起来的书页很多，这些书页之间存在的摩擦力加起来就形成了一个非常大的力了。

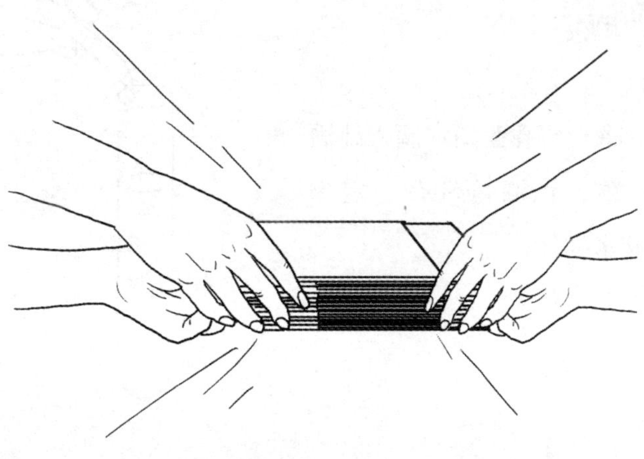

越加越少

在我们的常识里面，1+1=2，东西也都是越加越多的，可是有一种东西却是越加越少，这是为什么呢？

准备材料

1.无色透明的玻璃瓶或者玻璃试管

2.纯酒精和蓝墨水

3.毛笔、软木塞

游戏步骤

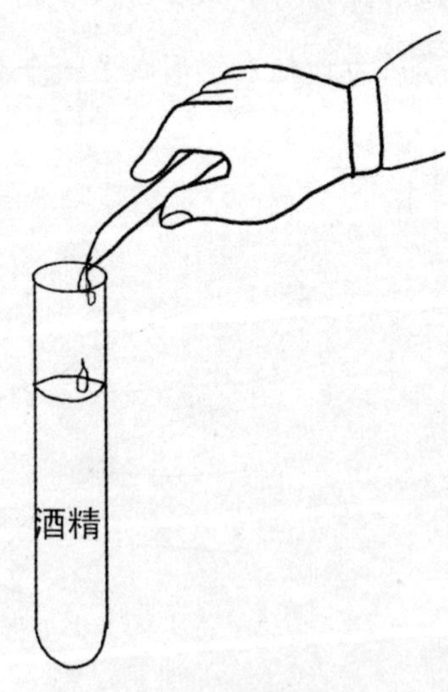

1 将一两滴蓝墨水滴入纯酒精，让酒精带有一定颜色，便于和水区分。

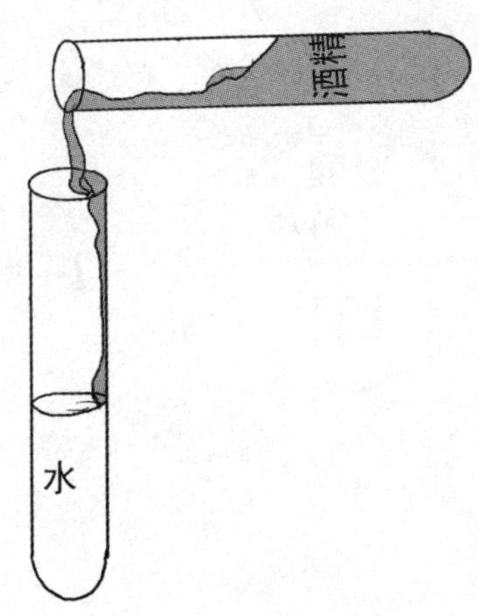

2 将透明的玻璃瓶或者玻璃试管装上一半水，再沿瓶壁慢慢地加入带有颜色的纯酒精。

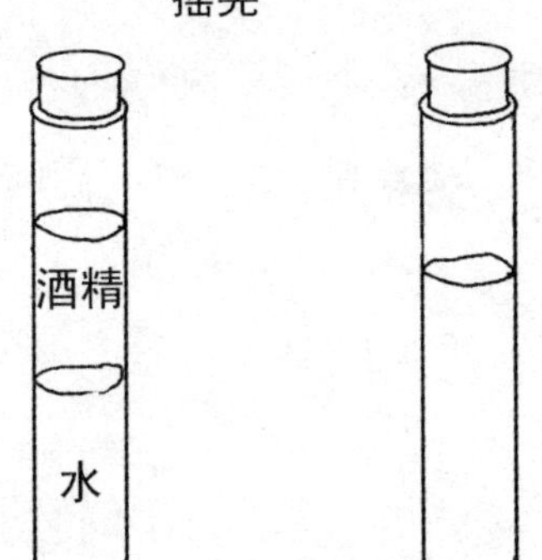

3 在瓶壁上用毛笔标出酒精液面的位置。然后用塞子把瓶口塞紧，上下用力摇动几次，使水和酒精充分混合。

发生了什么？

过一会儿，瓶里混合后的液体液面比混合前下降了，也就是说，混合后液体的体积比混合之前两种液体的总体积缩小了一些。

游戏中的科学

其实无论是水还是酒精，都是由分子构成的。因为水和酒精充分混合后，由于水分子和酒精分子之间的引力比较大，就让它们之间的距离缩小，大量的水分子和酒精分子融合以后，整个混合液的体积也就减小了。

巧开瓶盖

小朋友们喝饮料时有没有遇见瓶盖打不开的情况呢？很多时候我们都去求助于爸爸妈妈了，其实不用别人帮忙，我们也能自己打开的。下面就学习一下开瓶盖的方法吧！

准备材料

1.一个塞紧瓶口的饮料瓶、一只大碗

2. 80℃的热水和一条毛巾

游戏步骤

1 用一只大碗，倒入80℃的热水。

2 把瓶子倒过来，使瓶盖慢慢地浸入热水中，保持一分钟左右。

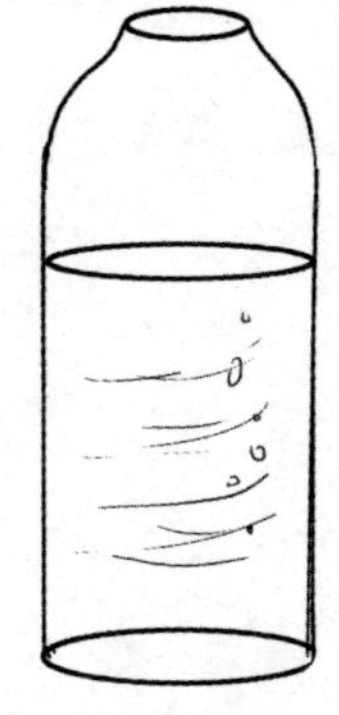

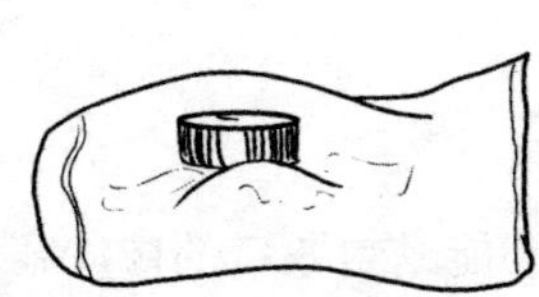

3 取出后用毛巾把瓶上的水擦干，用手去拧瓶盖。

发生了什么？

先前使劲都拧不开的瓶盖，现在轻而易举地就能拧开了。

游戏中的科学

物质受热后都会膨胀，但是膨胀的力度是不相同的。因为玻璃和金属的膨胀系数不同，在同时加热后，金属盖膨胀得比玻璃多，所以就比较容易把瓶盖打开了。

升高比赛

酒精、松节油和水三种液体分别在运动会中进行爬杆比赛，如果你是评委，你会给哪种液体打高分？

准备材料

1. 三个同样大小的玻璃瓶和能密封瓶口的橡皮塞
2. 三根玻璃管
3. 水、酒精和松节油
4. 盛有热水的脸盆

游戏步骤

1 三只瓶内分别装满水、酒精和松节油，然后把塞子塞紧并贴上标签。

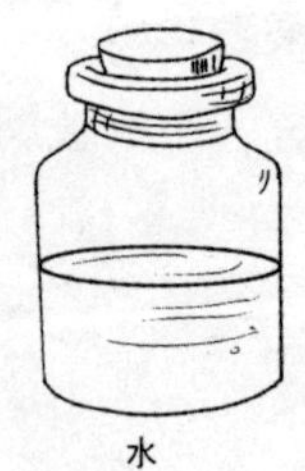

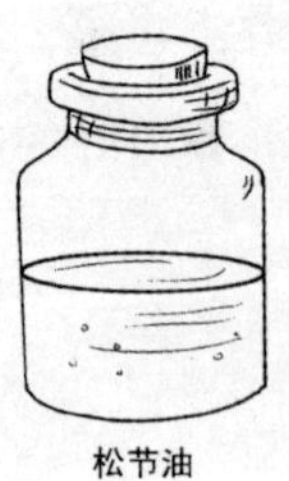

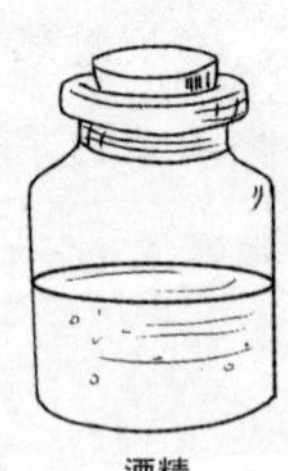

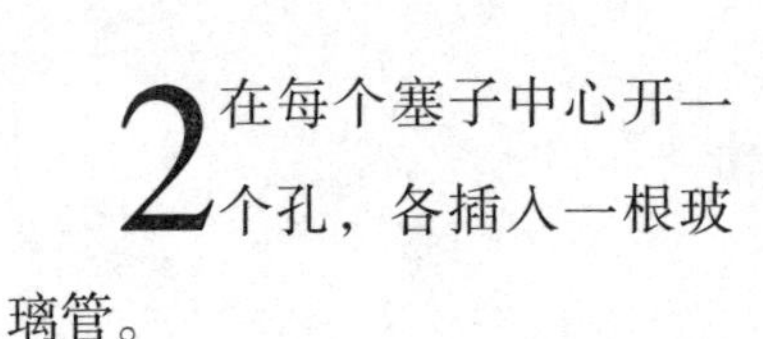

2 在每个塞子中心开一个孔，各插入一根玻璃管。

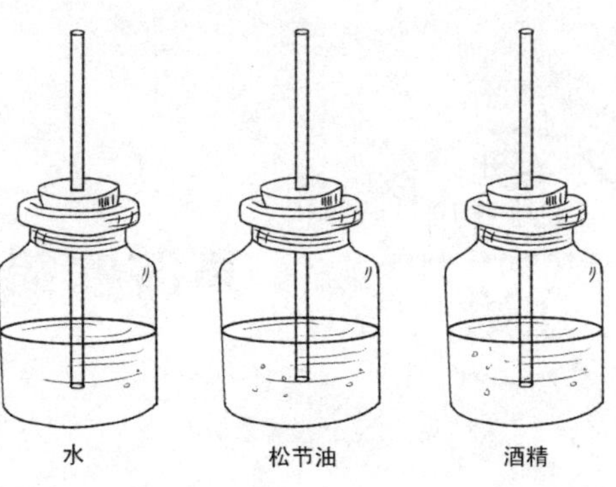

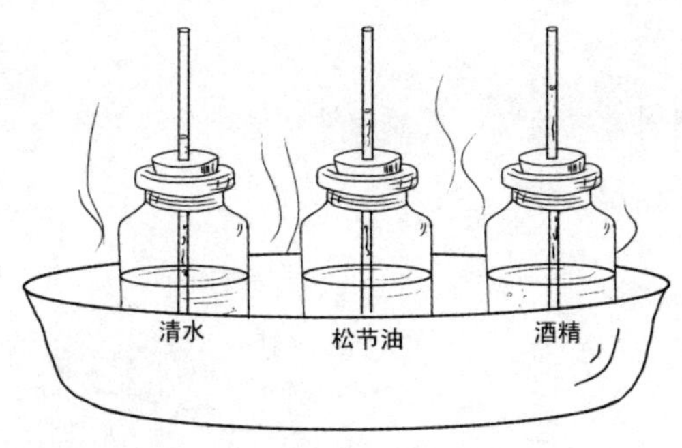

3 把三只瓶子一起放入盛有热水的脸盆里。

发生了什么？

液体受热后开始膨胀，于是就沿着管壁向上升。从高到低分别是酒精、松节油和水。

游戏中的科学

大多数物体都是热胀冷缩的，但不同物体受热后膨胀的程度不同。就拿上述三种液体来说，在相同条件下，酒精在玻璃管中升得最高，其次是松节油，而水升的高度最低。

声波吹蜡烛

一只点燃的蜡烛，我们不用对着它吹气，只靠拍手就能让它熄灭。是不是很神奇啊，想不想知道这是怎么办到的？

准备材料

1.一张硬纸板

2.一块气球膜

游戏步骤

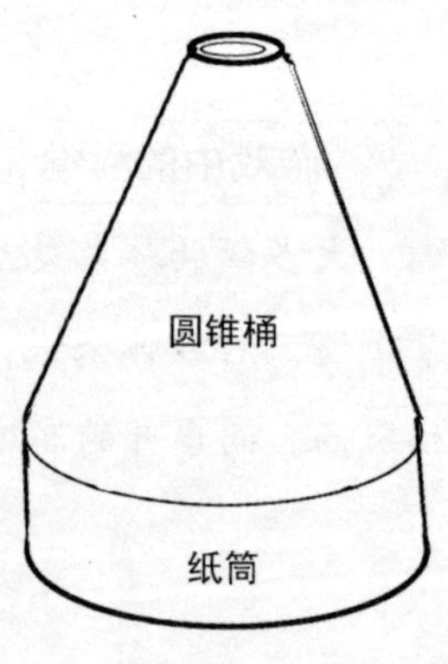

1 用硬纸板做一个小口只有6毫米直径的圆锥筒，把大口的一端连接在约半米长的硬纸筒上（直径约10厘米）。

2 用一块气球膜蒙在硬纸筒的一端。使圆锥小口对准蜡烛的火焰，并设法把纸筒固定好。要注意不要把纸筒烧着。

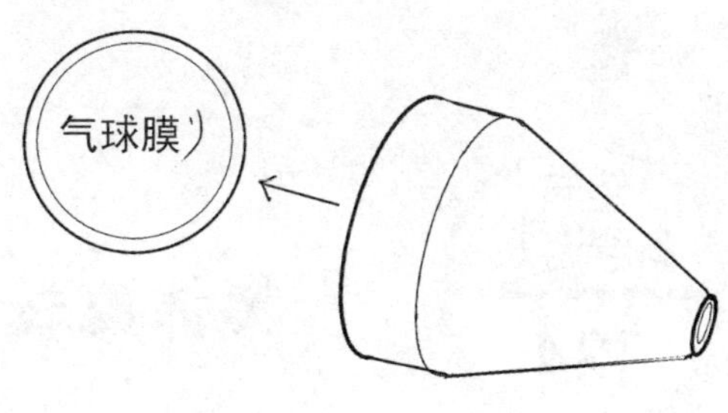

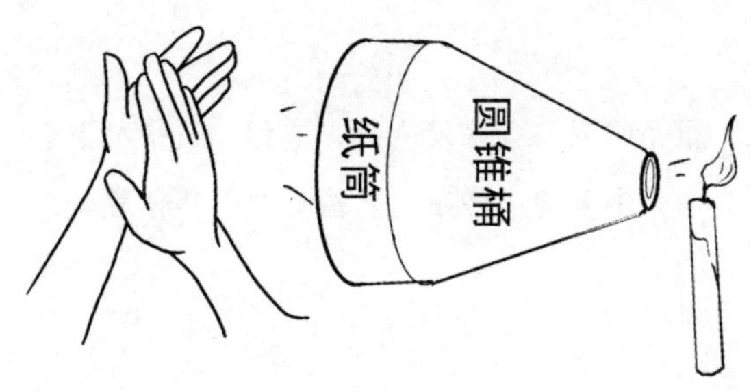

3 现在，在靠近气球膜的一端使劲拍手。

发生了什么?

你会立即看到蜡烛的火焰会疯狂地跳动。

游戏中的科学

由于气球膜的阻挡，拍手时产生的气流不可能进入纸筒，火焰的跳动是因为拍手时产生的声波引起隔膜振动，进而引起筒内空气的振动，这振动传播到火焰，使之跳动。

集体舞表演

包装用的泡沫塑料颗粒，很小很轻，如果没有风，它们一般情况下会很安静地呆在那里。可是，我们只需要搓一搓手，就能让它们集体跳舞，是不是很神奇啊！

准备材料

1.一块金属板、一张塑料唱片

2. 包装用的泡沫塑料颗粒

3. 一块羊毛织物

游戏步骤

1 在一块金属板上撒上包装用的泡沫塑料颗粒。

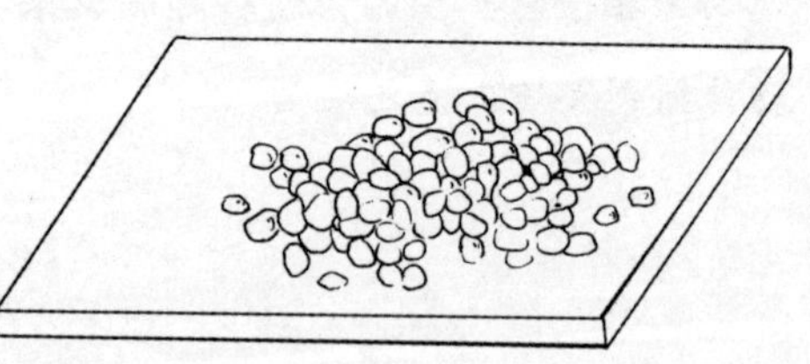

2 把一张塑料唱片放在金属板上面15厘米处。

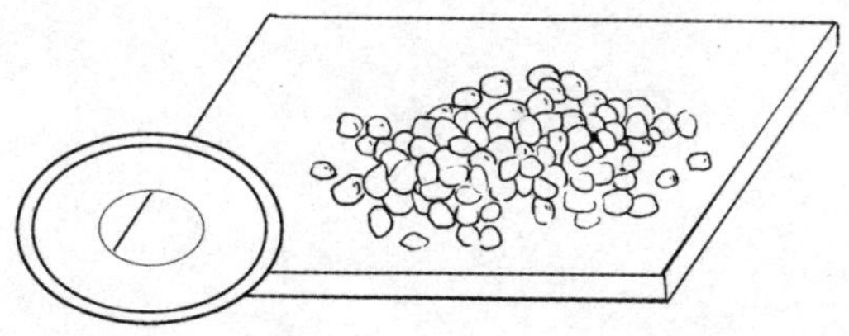

3 用一块羊毛织物在唱片顶面摩擦。

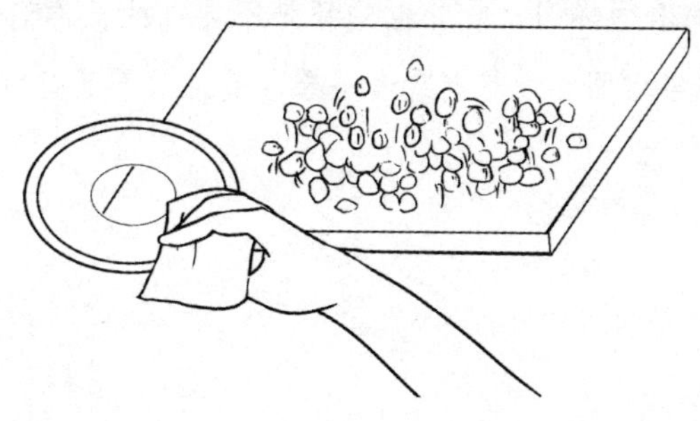

发生了什么?

散碎的颗粒就会随着摩擦纷纷竖立起舞。

游戏中的科学

唱片被羊毛摩擦而带负电荷，这些电荷又由静电感应使塑料颗粒带上正电荷，正负电荷互相吸引使塑料颗粒跳动。如果用短绒毛代替塑料颗粒，用织物或纸代替唱片，并在上面涂上一层胶，使绒毛受静电作用竖立着粘在胶面上，这就是纺织或造纸工业上“静电植绒”的工艺了。

导电的水

小朋友们，如果问你们水是导电的还是不导电的，你们该怎么回答呢？可千万不能简单地回答说导电或者不导电哦，看下下面的实验你就明白了。

准备材料

1. 一只玻璃杯、两根金属条
2. 1.5伏小电珠（手电筒上用的小灯泡）、两节1.5伏电池
3. 糖、盐

游戏步骤

1 将玻璃杯盛满水，然后插入两个金属条，作为电极，用导线把电极与1.5伏小电珠（手电筒上用的小灯泡）串联。

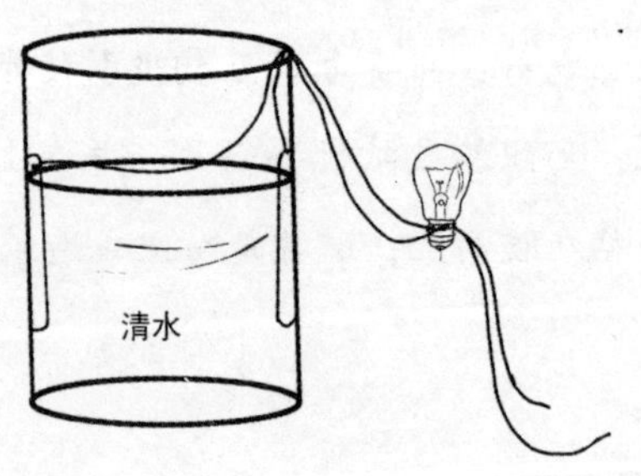

2 再把两节电池串联，可以得到3伏直流电压。

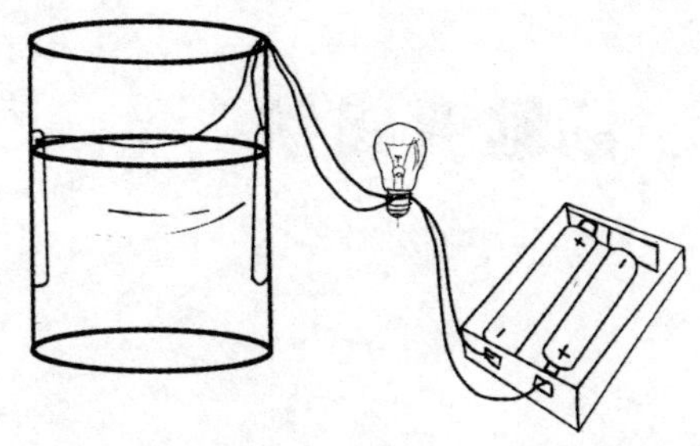

3 然后把两个电极分别与电池的正负极相接。

发生了什么？

在水中加糖，小电珠不亮；如果加入盐，小电珠就会发出明亮的光。

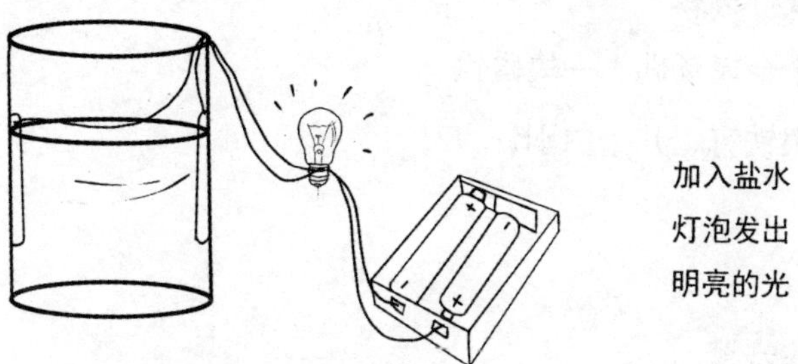

游戏中的科学

因为糖、甘油、酒精等是非电解物质，在水中不能分离出带电的离子；而盐、酸、碱等电解物质溶解于水，能产生离子。当两个金属条之间有电位差时，正负离子分别跑到与自己的性质相反的电极上去。这样就构成电流回路，使小电珠发光。

汤匙变磁铁

普普通通的汤匙，平时是没有磁性的，可是经过一番变化以后，它竟然变成了一块磁铁，不可思议吧！你知道金属汤勺为什么变成了磁铁吗？

准备材料

1.一个金属汤匙、一块磁铁

2.一根铁钉、几个曲别针

游戏步骤

1 首先用金属汤勺去吸铁钉、曲别针。

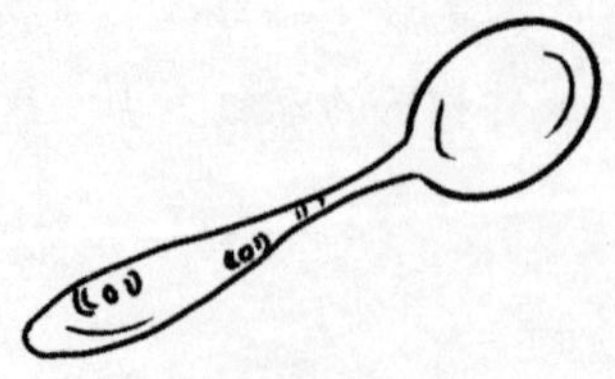

2 准备一支金属汤匙，手里拿一块磁铁慢慢地在汤匙上来回摩擦。

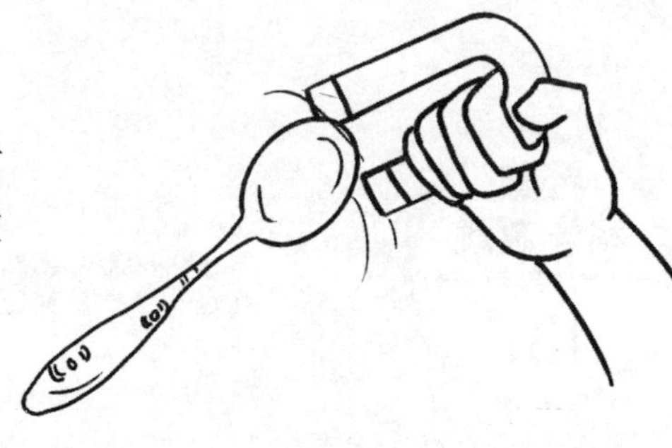

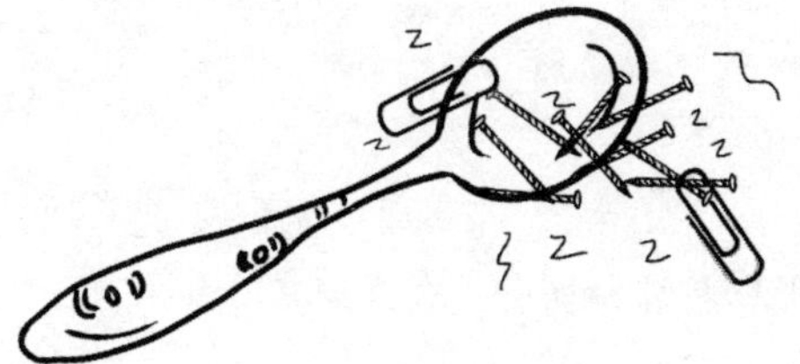

3 汤勺将铁钉、曲别针吸起来了。

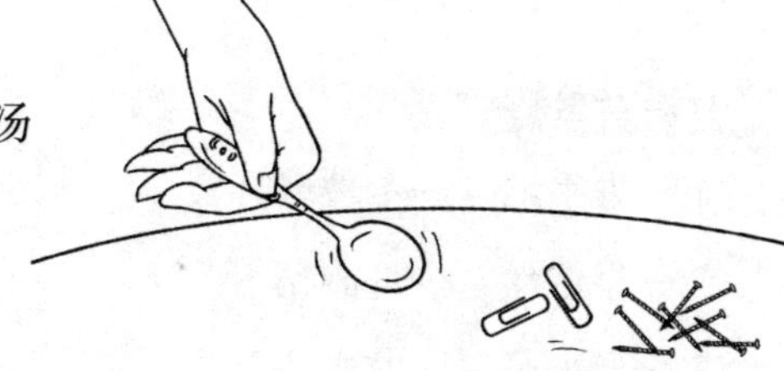

4 将汤匙在桌子上一敲，汤匙的磁力又消失了。

 **发生了什么？**

汤勺开始并不能吸附起铁钉和曲别针，但是经过摩擦以后竟然能吸起来了。

 **游戏中的科学**

构成汤匙的金属物质可以被看成是一个个的小磁铁，但由于它们的磁场方向不同，作用被相互抵消，整个汤匙也就没有了磁性。而如果用一块真正磁铁的磁力将汤匙内部的小磁铁的磁场强行排列成同一方向，汤匙就会表现出磁力。将汤匙在桌子上一敲，其内部小磁铁的排列又被破坏掉，汤匙的磁力也就消失了。

烧不坏的手绢

小朋友们都知道，棉质的手帕很容易被火烧出一个大洞来。如果有一种手帕，即使用火烧也烧不坏，你是不是觉得很奇怪啊！

准备材料

1.一方手绢、一个玻璃杯

2.一根铁丝、少许酒精

3.一盒火柴、一盆水

游戏步骤

1 将两份酒精和一份水兑在一起，将手绢放到兑了水的酒精里浸湿。

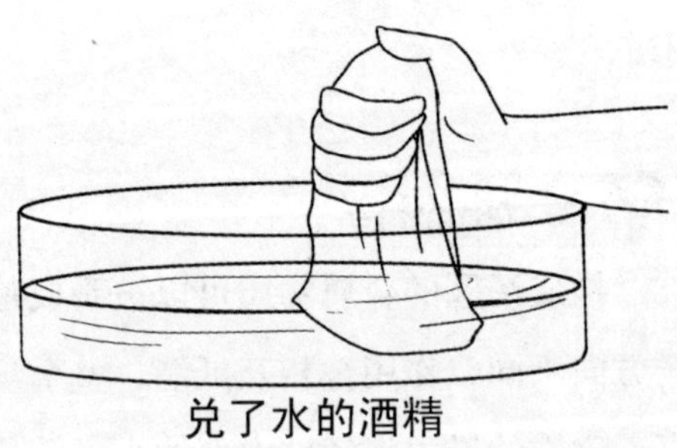

兑了水的酒精

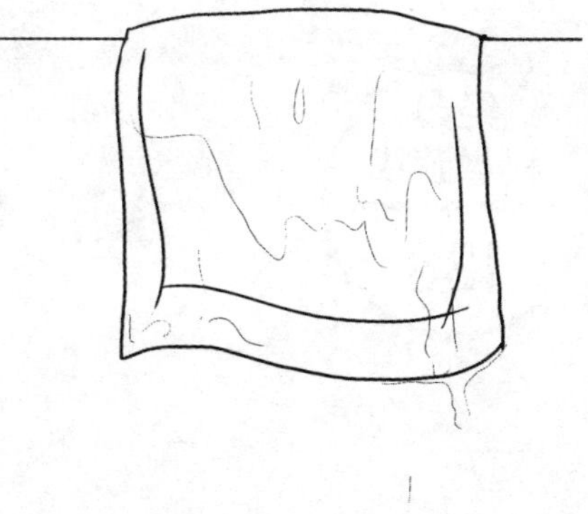

2 将手绢从杯子里取出，稍微拧一下水，然后将手绢挂在铁丝上。

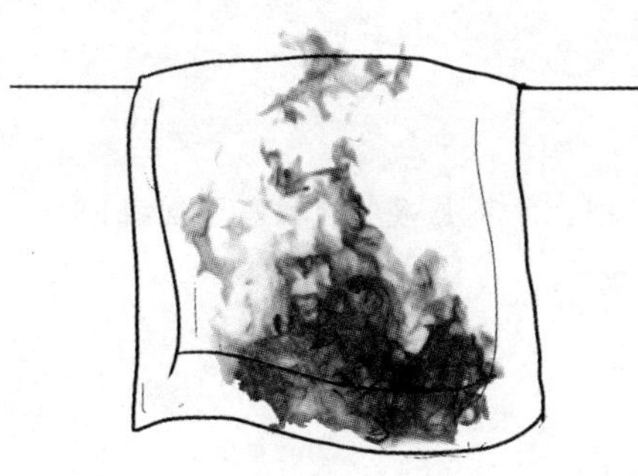

3 用火柴将手绢点燃。

发生了什么？

燃烧后的手绢完好无损。

游戏中的科学

因为玻璃杯里盛着两份酒精和一份水，酒精的燃点很低，手绢很快地燃烧了。酒精又很容易从手绢中挥发出来烧掉，一部分水仍然留在手绢上，保护着手绢。在酒精燃烧的过程中，有一部分水变成蒸气挥发了，这些挥发的水汽带走了花布上的一部分热量，从而降低了手绢的温度，因此手绢不会被烧坏。

水下“火山”

小朋友们都在电视上看过火山喷发吧，是不是很壮观啊？下面我们自己动手做一个游戏，来展示一下这种奇妙的自然景观吧！

准备材料

1. 一个玻璃缸或玻璃盆

2.冷热水若干、墨水少量、带盖的小瓶一个

游戏步骤

1 在玻璃缸中倒入3/4 的冷水。

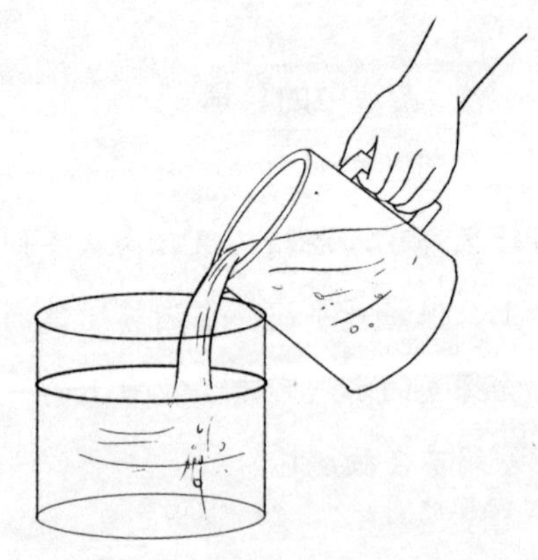

2 把小瓶中装满热水，加入几滴墨水，拧紧瓶盖，并摇晃均匀。

将瓶底的墨水摇晃均匀

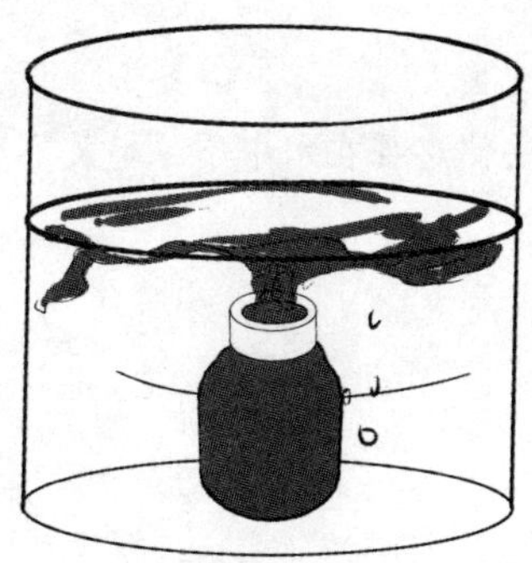

3 把小瓶放在缸底并拧开盖子。

发生了什么？

这时候小瓶中的墨水就像火山爆发的烟云，往上升起，到达水面后便扩散开来。

游戏中的科学

温水分子之间的距离比冷水大，温水比冷水轻，在冷水中具有浮力，所以就往上升起。过一会儿，温水与冷水混合，色素便均匀地分布在水中了。

水中悬蛋

如果给你一个鸡蛋，想一想能用什么办法使鸡蛋在水中不漂起又不沉下，而是悬浮在水中？

准备材料

1.玻璃杯两个

2.水、食盐、蓝墨水

3.筷子、鸡蛋

游戏步骤

1 在玻璃杯里放三分之一的水，加上食盐，直至不能溶化为止。

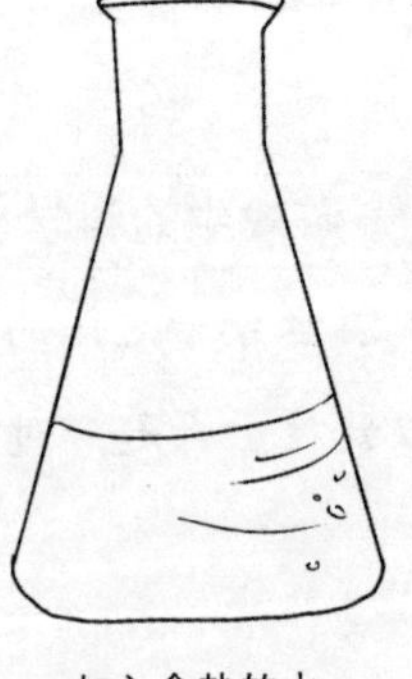

加入食盐的水

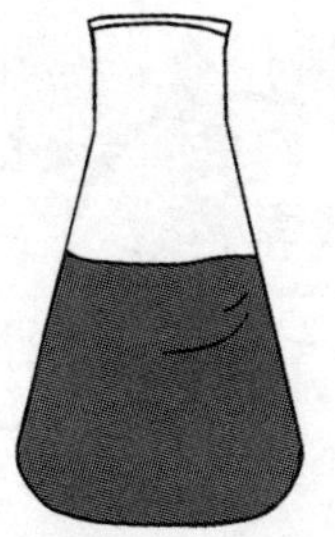

加入蓝墨水的水

2 再用一只杯子盛满清水，滴入一两滴蓝墨水，把水染蓝。

3 取一根筷子，沿着筷子，小心地把杯中的蓝色水慢慢倒入玻璃杯中。玻璃杯里下部为无色的浓盐水，上部是蓝色的淡水。

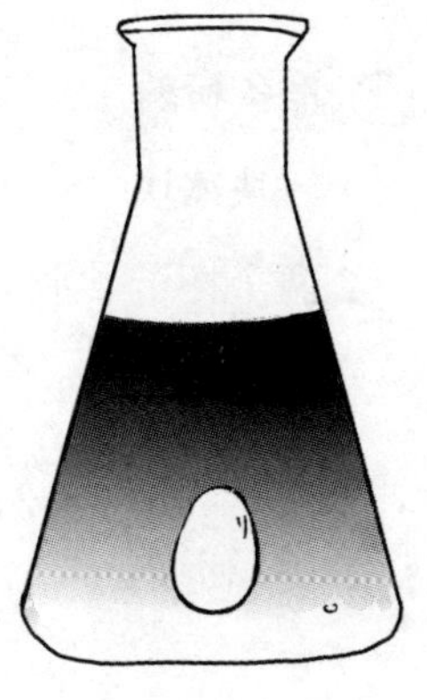

4 动作轻而慢地把一只鸡蛋放入水里。

发生了什么?

它沉入蓝水，却浮在无色的盐水上，悬停在两层水的分界处。

游戏中的科学

这里的魔术师是密度。生鸡蛋的相对密度（比重）比水大，所以会下沉。盐水的相对密度比鸡蛋大，鸡蛋就会上升。所以，鸡蛋会在一个平衡点悬浮着，既不下沉也不上浮。

冰块融化后会怎样

在一个杯子中放一个冰块，然后倒满水。当冰融化后，杯内的水会溢出来吗？亲手做一下下面的这个游戏，你就知道了。

准备材料

1.一块冰块

2.两个杯子、水

游戏步骤

1 在托盘上放置一个空杯子，在空杯子中放入一块冰。

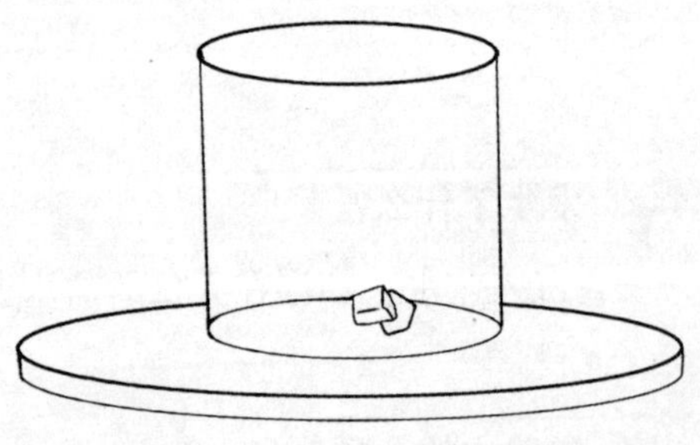

2 往杯中倒满水，使冰块的一大部分高出水面。

3 等待冰块融化。观察融化后，水会不会溢出杯子。

发生了什么？

冰融化以后，水不会溢出来。

游戏中的科学

水结冰时体积会增大百分之九，因此质量变轻，自然会浮在水面上。当冰块融化时，它失去的是增加的那百分之九的体积，因此，水不会溢出。其实冰块在水面以下的那部分，就是整个冰块的水的体积。

气体举重机

如果有人说，他能用呼出的气把10公斤重的东西升上一定的高度，你一定会认为他是在吹牛："哪会有这样的事呢？根本不可能！"可是，只要我告诉你一个简单的方法，呼出的气是完全可以举起10公斤重物的，你自己也能做到这一点，不信，你自己试一试。

准备材料

1. 一个长方形纸袋或是塑料袋（大小能放进两本厚书就行）
2. 两本厚书（拿你能找到的最厚、最重的书）

游戏步骤

1 把长方形纸袋或塑料袋放在桌子上。

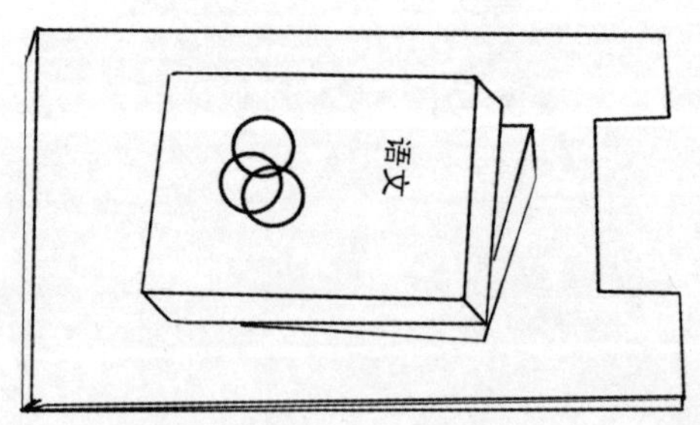

2 你可以开始往袋里吹气了。要注意，吹气口应该很小，这样吹起来比较容易一些，不需要费很大的力气。

发生了什么？

你会发现你吹出来的气，进到袋里以后，随着袋子慢慢地鼓涨，轻而易举地就把上面一大堆书举起来了。

游戏中的科学

其实，只要这个纸袋或塑料袋的尺寸是10厘米×20厘米（200平方厘米），你只要吹出稍微比一个大气压大一点的气，吹气要慢一些，吹得要匀一些，就可以使袋子得到一个20公斤的力。因此，很容易举起10公斤的重物。

谁的气球飞得高

买的气球一不小心，就会飞上高高的蓝天。这种气球里装了比空气要轻的氢气。我们自己也可以动手做一只气球，不过，我们不容易弄到氢气。这没关系，我们做只热气球，也能让它飞上天。

准备材料

1.找一只纸质较轻的纸袋或6张薄棉纸

2. 胶水（或浆糊）、铁丝、胶带

2.棉花、酒精（或度数较高的白酒）

游戏步骤

1 先用铁丝编一只简单的小筐，筐的上口和纸袋的口大小相同。

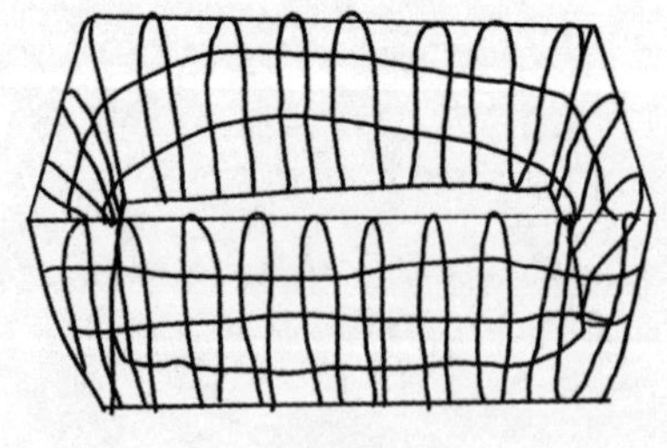

铁丝编制小筐

2 再用几截短铁丝或几条胶带把小筐挂在纸袋下面。筐里放一个罐头盒盖（或其他铁盖），里面放一团用酒精（或白酒）浸湿的棉花。

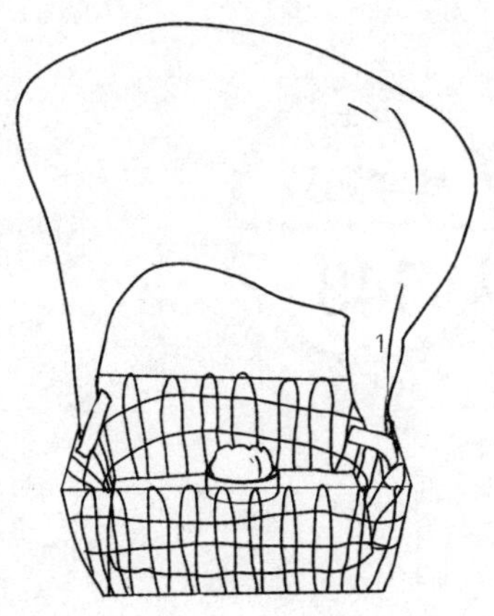

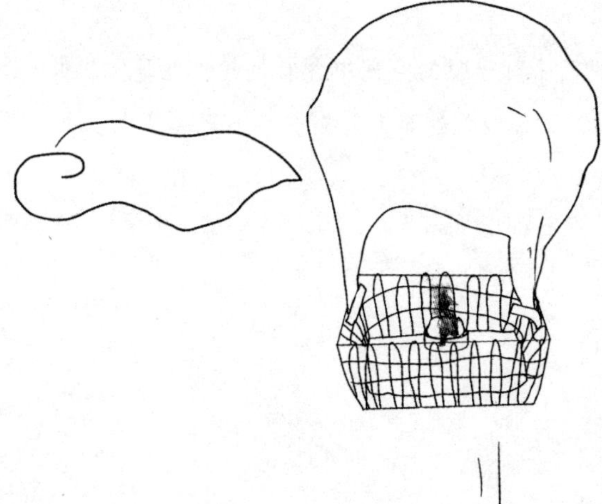

3 拿到野外，把它点燃；也可以找一块点燃了的固体燃料。

发生了什么？

等了一会儿，热气球慢慢地升上天去了。

游戏中的科学

这是利用热空气会上升的原理。热气球能飞上天，是因为热空气比冷空气要轻，所以热空气会带着气球升上天去。你还可以系上一根风筝线，防止气球飘走。

测量氧气比例

小朋友们，你们都知道我们平时呼吸的空气中含有氧气，但是你知道氧气在空气中的比例是多少吗？下面我们这个实验来看一下到底是多少。

准备材料

1.一个大玻璃瓶、一把直尺

2.一根蜡烛、一个大盘子

3.蓝墨水和火柴

游戏步骤

1 在大瓶上画上十等分的刻度。

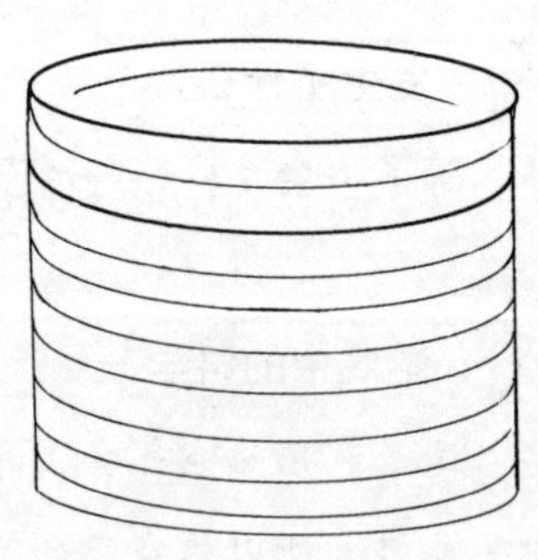

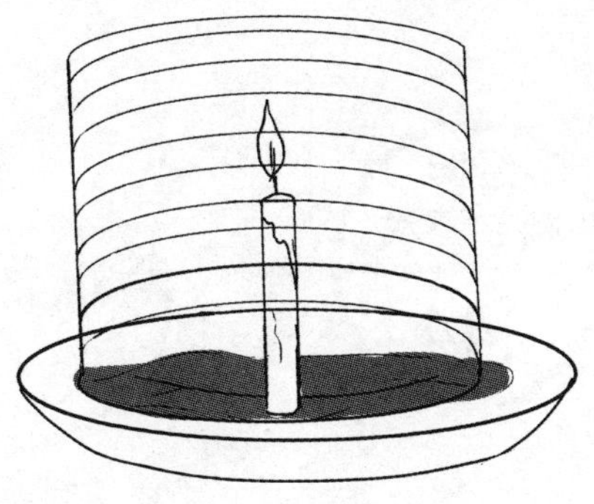

2 在盘中加蓝墨水并把蜡烛放好。

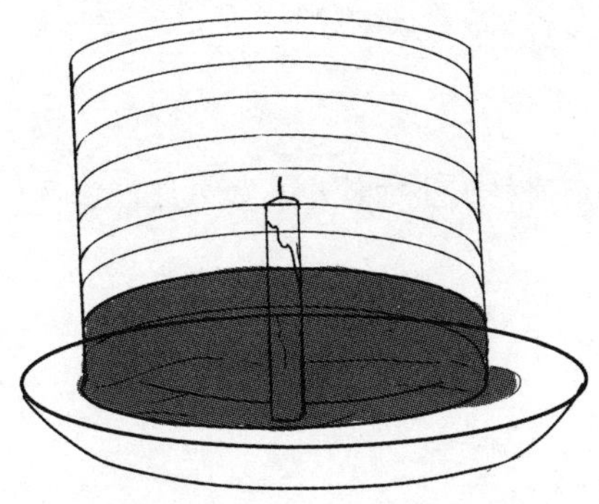

3 点燃蜡烛，扣上大瓶子，火焰慢慢变小。

发生了什么?

火焰熄灭后，盘中的水开始进入瓶中，瓶中水的位置会高出盘子，占瓶子体积的1/5。

游戏中的科学

当玻璃瓶倒扣在装水的盘子里，玻璃瓶中的空气与外界隔绝了。蜡烛在瓶内燃烧，最后耗尽了里面的全部氧气，这时蜡烛熄灭。蜡烛燃烧时所产生的二氧化碳是可以溶于水的，这样，原本属于氧气的部分在瓶中空了出来，瓶外大气压作用使瓶内的水上升，显示的就是氧气的比例。因为氧气的体积占了空气20%的比例，所以瓶子外面被压入瓶中的水就大约占整个瓶子体积的1/5。

两球同时落地

小明左手拿一个玻璃球，右手拿一个同样大小的铁球。如果同时放手让两球下落，哪个会先掉在地上？

准备材料

1.一个玻璃球、一个同样大小的铁球

2. 一张凳子

游戏步骤

1 首先要两手分别握着铁球和玻璃球，站在凳子上。

2 听口令，两手同时放手，让两球自由下落。

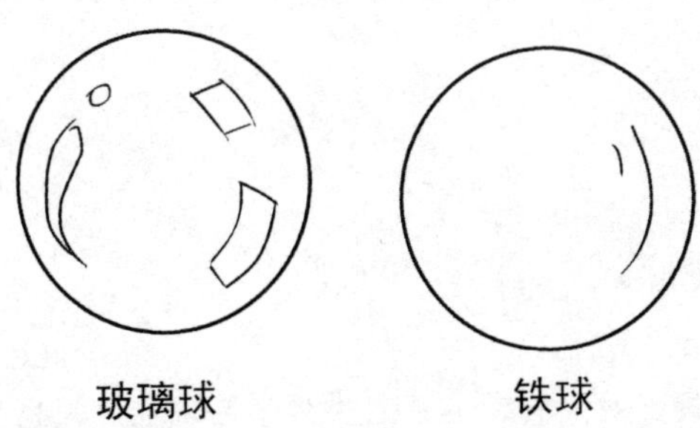

发生了什么？

结果是两个球同时落在地面上。

游戏中的科学

如果你觉得同体积的铁球比玻璃球重，所以它会先落地，那你就错了。很久以前的人们也认为轻重不同的物体从等高处落下时，重的物体会落得快些，直到伽利略在意大利的比萨斜塔上证实了“自由落体定律”，人们才明确知道重量不同的球在下落时，同时落地，下落的速度与重量无关。

抗震药瓶

地震是很可怕的自然灾害，会给人类带来生命危险，也会给建筑物带来致命的破坏。什么样的建筑物才能有效地抗震呢？从下面这个游戏中你或许能得到答案！

准备材料

1.三个空瓶、一本书

2.一堆沙土

游戏步骤

1 三个空瓶，一个空着，另一个加入一半的沙子，第三个加满沙子。

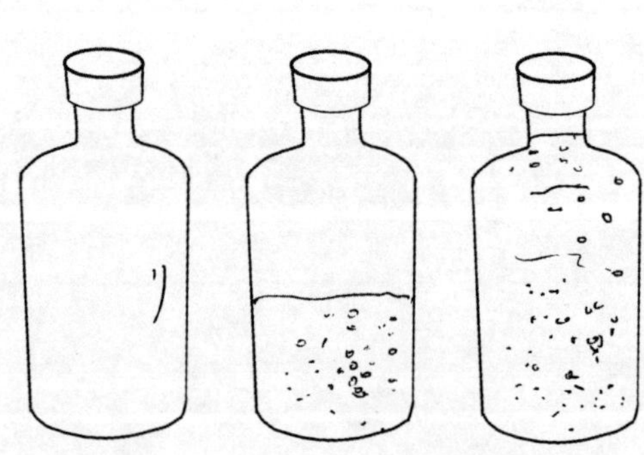

2 拧紧盖，三个空瓶并排立在书上，将书倾斜一定角度或稍加晃动。

稍加晃动书本

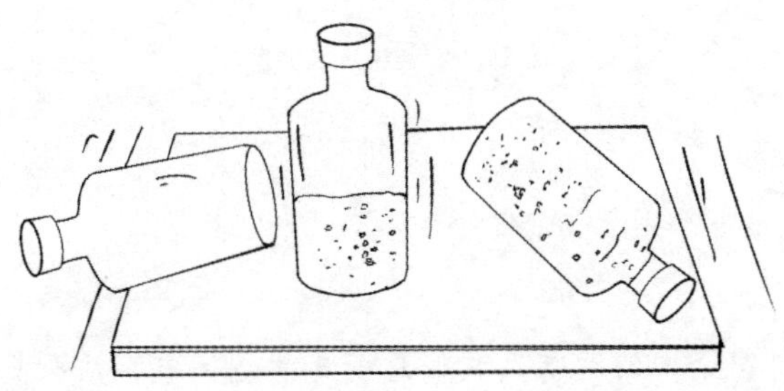

发生了什么?

我们会发现最先倒的是装满整瓶沙子的瓶子和空瓶，而半瓶沙子的瓶子则不易倒下。

游戏中的科学

三个空瓶与书接触的底面积相同，但重心越低的就越能保持稳定。半瓶沙子重心偏低，不容易因外力而倒下，装满沙子的瓶子与空瓶重心都在中间位置，相对容易倒下。

为雷电测距离

夏天打雷下雨的时候，我们总是先看到闪电，后听见雷声。小朋友们，你们能计算出打雷的地方离我们有多远吗？

准备材料

一个秒表

游戏步骤

1 以看到闪电为准开始计时。

2 听到雷声停止计时，要操作准确；

3 让我们算一算，声速是每秒340米，乘上秒表上的数字，就知道雷电发生的地方与我们的距离了。

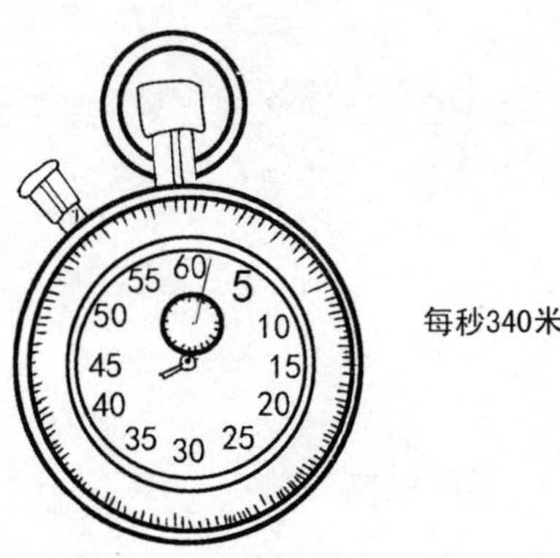

每秒340米

游戏中的科学

出现雷电时，闪电和打雷其实是同时发生的。我们之所以会先看到闪电，后听见打雷，是因为光的传播速度要比声音的传播速度快。常温下，光的传播速度是30万千米/秒，而声音是340米/秒。雷电在天空某处发生时，以闪电为开始标志，测出那之后的雷声“走”了多长时间到我们耳边，又知道了声音的速度，就可以用乘法算出距离了。

看到声波

声波能够被看到？不可能吧！不要怀疑，用下面的方法，你就能抓住声波的“足迹”，赶紧来操作一下吧！

准备材料

1.一个易拉罐、一层保鲜膜

2.一卷胶带、一块纽扣大小的镜片

游戏步骤

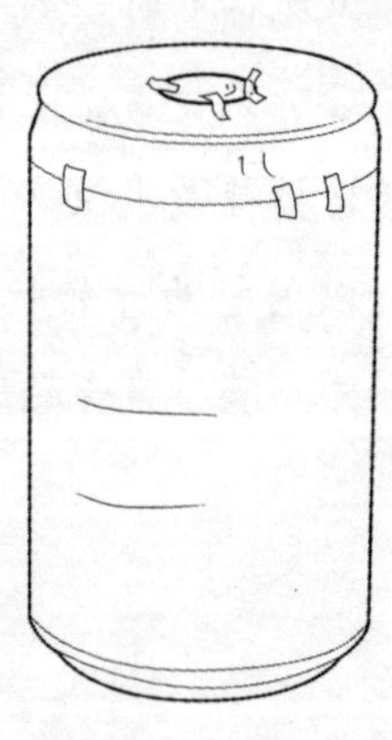

1 把易拉罐两头剪去，拿保鲜膜蒙住一端，用胶布固定。将一块纽扣大小的镜片粘在保鲜膜上。

2 站在距离一面墙三四米的地方，对着太阳，让保鲜膜上的镜片反射的光能投射到墙上。

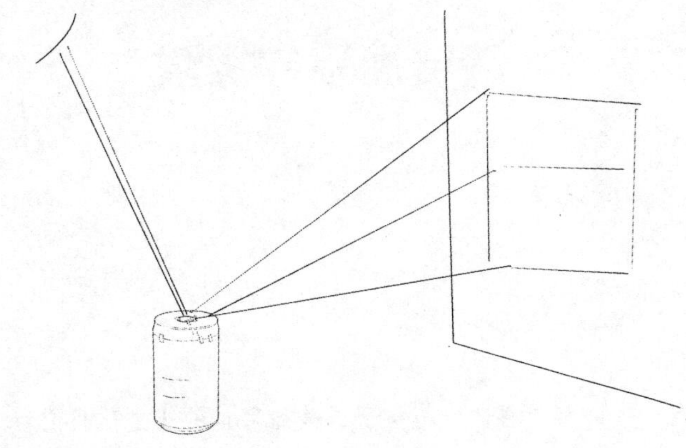

3 对着易拉罐敞口的一端喊出长短不一的声音。

发生了什么？

随着喊出声音的音高音长的变换，墙上反射的镜片的光会有不同的振动情况。

游戏中的科学

声带振动发出的声波能使保鲜膜振动，从而带动那上面的小镜片振动起来，墙上的光影就显示了镜片的活动情况。光影做不同程度的起伏跳跃，其实就是声音振动空气的情况，我们不仅听到了声音，看到了光影也可说是“看”到了声音哦！

清洁高手柠檬酸

小朋友们平时都很喜欢吃柠檬吧，酸甜可口的味道让我们留恋不已。你知道吗，柠檬除了可以吃外，还是一个清洁高手呢？

准备材料

1.一个有污垢的铜币

2.一个柠檬

游戏步骤

1 用水清洁并不能去掉脏污变黑的铜币的污垢。

2 用切开的柠檬用力擦铜币。

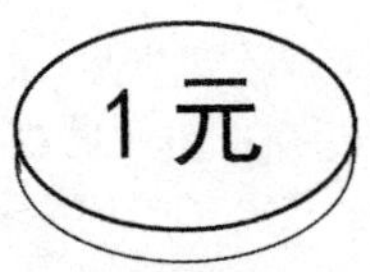

柠檬擦洗

清水擦洗

发生了什么?

一会儿铜币上的污垢渐渐消除了，慢慢变得有光泽了。

游戏中的科学

柠檬和醋中都有酸，可以把酸素从氧化了的物质转移到其他物质，铜币上的铜与空气中的氧化合，变成了氧化铜，于是铜币看起来又脏又黑。柠檬和醋从氧化铜中取走了酸素，因此经摩擦后能使铜币变得清洁光亮。其实，用化妆棉蘸醋也会有同样的效果。

盐水星星

平时星星都在天上，只有晚上才能看得见，我们想不想把它搬到纸上呢？来做下面的游戏，把你自己的星星搬回家吧！

准备材料

1.一张白纸、一支2B铅笔

2.一杯盐水、一支牙签

游戏步骤

1 配出一杯盐水。

2 用牙签大头的一端蘸盐水，在纸上画几颗星星。

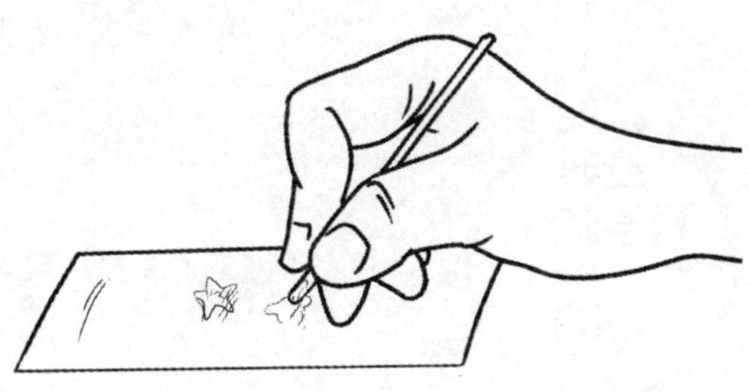

半小时后

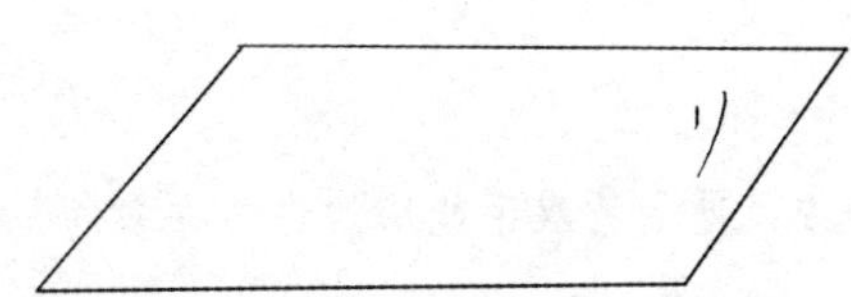

3 半小时后，纸干了，星星也就不见了。

4 侧拿着软芯的2B铅笔，笔头放平，在纸上轻轻涂一层。

发生了什么？

原本不显示星星的纸上的星星又回来了。

游戏中的科学

画星星的盐水在半小时后蒸发掉了水分，纸上留下了食盐颗粒，尽管肉眼看不到它们的存在，但这些细小的颗粒却使纸面变得粗糙不平了。铅笔涂上去，先在纸上遇到了食盐颗粒，就把这部分涂黑了，也就是原本的星星图案。

“仙气”手指

魔术师的手很神奇，在他们的魔术中，他们的双手能变幻许多许多的东西，你是不是很羡慕呢？下面就教你一招“仙气”手指吧！

一盒火柴

游戏步骤

1 撕下一块火柴盒上的砂纸，面朝下放在地面上。

2 用火柴点燃，让它烧完，留下的是红褐色灰烬。

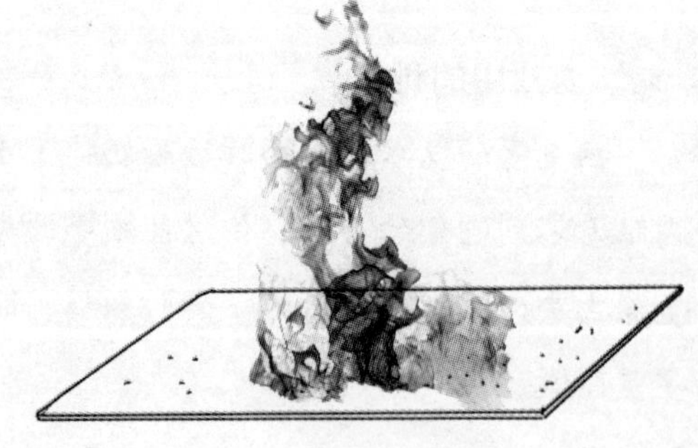

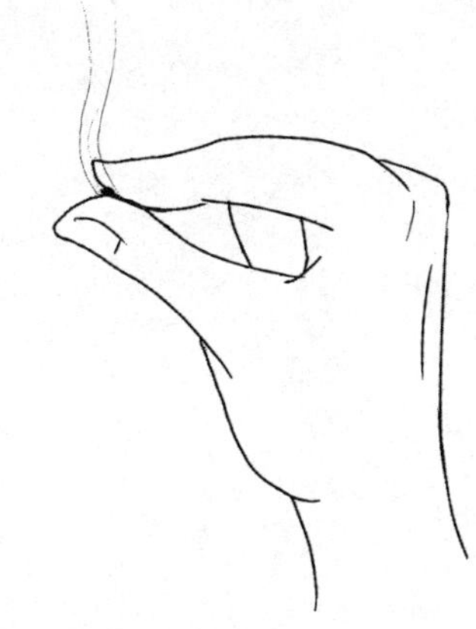

3 把手擦干，用中指蘸一点灰烬，大拇指摩擦两下。

发生了什么？

手指间竟然会冒出一缕白烟，就像手指头有仙气儿一样。

游戏中的科学

火柴盒的砂纸部分含有在低温下就能燃烧的红磷，所以能引燃火柴，红磷化合物燃烧后留下的灰烬沾在手指上，由于手指摩擦产生的热量而升高了温度，其中残余的红磷就会直接汽化，成了白色烟雾。